Sabine Brütting

Was macht der Krebs mit uns?

.

Sabine Brütting

Was macht der Krebs mit uns?

Kindern die Krankheit ihrer Eltern erklären

BALANCE **ratgeber**

jugend + erziehung

wird im Auftrag der Bundeskonferenz
für Erziehungsberatung (bke) herausgegeben
von Barbara Eckey, Karin Jacob
und Uwe Britten

Sabine Brütting

Was macht der Krebs mit uns? Kindern die Krankheit ihrer Eltern erklären

1. Auflage 2011

ISBN-Print 978-3-86739-064-4

ISBN-PDF 978-3-86739-749-0

Die Deutsche Nationalbibliothek verzeichnet diese Publikation in der Deutschen Nationalbibliografie; detaillierte bibliografische Daten sind im Internet über http://dnb.d-nb.de abrufbar.

Wenn Sie Erfahrungsberichte und fundierte Ratgeber zur Gesundheit suchen, besuchen Sie unsere Homepage: www.balance-verlag.de

Lektorat: Uwe Britten, textprojekte, Geisfeld

Umschlagkonzeption: GRAFIKSCHMITZ, Köln, unter Verwendung eines Fotos von P. Losevsky/adpic.de

Typografie: Iga Bielejec, Nierstein

Satz: BALANCE buch + medien verlag

Druck und Bindung: Kösel, Krugzell (www.koeselbuch.de)

Zum Schutz von Umwelt und Ressourcen wurde für dieses Buch FSC-zertifiziertes Papier verwendet.

In jeder dritten Familie, in der ein Elternteil an Krebs erkrankt, leben minderjährige Kinder. Laut Aussage des Robert-Koch-Instituts werden in Deutschland jährlich 150 000 bis 200 000 Kinder neu mit der Situation konfrontiert, dass ein Elternteil die Diagnose »Krebs« erhält. Die durch die Krebserkrankung eines Elternteils entstehenden Belastungen für die betroffenen Kinder werden gleichwohl häufig unterschätzt, ihre seelische Not wird »übersehen«. Die Aufmerksamkeit, das Mitgefühl und die Unterstützung von Familienmitgliedern und Freunden gelten in erster Linie den erkrankten Erwachsenen. Doch die Auswirkungen einer Krebserkrankung betreffen die ganze Familie. Die Entwicklung vieler Kinder wird durch ein solches einschneidendes Lebensereignis in der Familie wesentlich beeinflusst und kann zu nachhaltigen Beeinträchtigungen führen.

Häufig besteht bei Eltern eine große Unsicherheit, wie viele Informationen über die Erkrankung ihre Kinder wirklich benötigen und was ihnen hilft, mit dieser schwierigen Familiensituation umzugehen. Ich möchte dazu ermutigen, das sei schon an dieser Stelle gesagt, mit Kindern *offen* über die Erkrankung zu reden. Kinder krebskranker Eltern haben große Sorgen und Ängste, und ich gebe Anregungen, wie Erwachsene Kinder während der Krebserkrankung unterstützen können.

Viele eindrückliche Beispiele (Namen und Familienumstände sind verändert, elterliche Genehmigungen für die Veröffentlichung der Texte der Kinder und Jugendlichen liegen vor) in diesem Buch sollen vermitteln, wie der Alltag der Kinder in Familien aussieht, in denen ein Elternteil an Krebs erkrankt ist. Mein Text wird durch eigene Beiträge von Kindern und Jugendlichen ergänzt, die ihre Erfahrungen während der Krebserkrankung eines Elternteils schildern und einen tiefen Einblick in ihre Gefühlswelt gewähren. In ihren Beiträgen wird besonders deutlich, was sich Kinder krebskranker Eltern wünschen und was sie als hilfreiche Unterstützung empfinden. Wie ein roter Faden zieht sich durch alle Texte der Wunsch nach mehr Kommunikation innerhalb der Familie.

Beim Aufbau des Buches habe ich mich am Verlauf der Krebserkrankung orientiert. Wohl wissend, dass viele Kranke den Krebs »besiegen«, habe ich dennoch ein Kapitel dem Thema »Abschied« gewidmet.

Frankfurt, im Juli 2011
Sabine Brütting

Häufig trifft die Krebserkrankung den Betroffenen und die ganze
Familie völlig unerwartet und unvorbereitet. Vielleicht hat eine
Vorsorgeuntersuchung ein nicht erwartetes Ergebnis gebracht,
haben seit Langem bestehende Schmerzen jetzt einen Namen
bekommen. Plötzlich heißt die Diagnose »Krebs« – unfassbar für
den Erkrankten, unfassbar für den Ehepartner. Alle sind zutiefst
erschüttert, verunsichert und fühlen sich den aufkommenden
Gefühlen wie Angst, Traurigkeit, Wut und Verzweiflung völlig
ausgeliefert. Plötzlich ist nichts mehr so, wie es bisher war; das
Leben gerät aus dem Gleichgewicht, der Boden scheint sich
unter den Füßen zu bewegen.

Zunächst bleibt wenig Zeit, um die Nachricht zu begreifen
und zu verarbeiten: Unter Zeitdruck erfolgt oft eine Einweisung
ins Krankenhaus, wird operiert und therapiert. Viele Kranke
haben in dieser Situation das Gefühl, keine eigene Entschei-
dungsfreiheit mehr zu haben, fühlen sich dem Krebs und den
medizinischen Abläufen ausgeliefert. Die Ärzte sprechen viel
über Untersuchungsergebnisse, Operationsmethoden und The-
rapiemöglichkeiten, aber in der Regel kein Wort darüber, was
Eltern ihren Kindern jetzt sagen sollen. Viele Eltern fühlen sich
in dieser Situation sehr von den Ärzten allein gelassen.

Leider ist das die Realität in vielen Arztpraxen und Kliniken.
Die Unsicherheit, ob und in welchem Rahmen Kinder über die
Krebsdiagnose eines Elternteils informiert werden sollten, betrifft nicht nur die Eltern, sondern auch Ärzte und Pflegekräfte.
Meistens sind alle gleichermaßen überfordert mit der Beant-
wortung der Frage, wie eine kindgerechte Information über
die Erkrankung aussehen könnte. Hinzu kommt, dass Ärzte

einen anderen Fokus in ihren Patientengesprächen haben; ihr Hauptaugenmerk gilt der optimalen medizinischen Versorgung des Erkrankten, der Aufklärung über Chancen und Risiken von Operationen und Therapien. Hinzu kommt, dass viele Kranke in den Arztgesprächen unter großer Anspannung stehen und oft vergessen zu fragen, wie sie mit ihrem Kind in der jetzigen Situation umgehen sollen.

Emotional Bedrohliches stürzt auf die Erkrankten und ihre Partner ein, außerdem muss der Alltag der Familie umorganisiert werden. Deshalb entscheiden viele erst einmal, in dieser akuten Situation mit ihrem Kind nicht gleich über die Krebserkrankung zu sprechen. Eltern wollen zunächst selbst mit der Krebsdiagnose zurechtkommen und die eigenen Gefühle in den Griff bekommen. Hinzu treten Unsicherheiten, wie viel Ehrlichkeit dem Kind gegenüber jetzt angebracht ist und wie man sie vermitteln soll, sowie der Wunsch, das Kind zu schonen und ihm die grausame Wahrheit so lange wie möglich vorzuenthalten. Dies sind die Gründe, weshalb ein offenes Gespräch mit dem Kind zunächst vermieden wird.

Das alles ist absolut verständlich, für Kinder aber nicht hilfreich. Zu glauben, man könnte Kindern ihre heile Welt erhalten, auch wenn ein Elternteil die Diagnose »Krebs« bekommen hat, ist naiv. Kinder spüren, dass etwas Beängstigendes passiert ist, auch wenn es nicht ausgesprochen wird. Auch Jugendliche wünschen sich, so früh wie möglich zu erfahren, wenn etwas in der Familie nicht stimmt.

Die Erfahrung zeigt, dass schon Kleinkinder feine Antennen haben und veränderte Stimmungen bei ihren Eltern registrieren. Sie nehmen bei ihren Eltern wahr, wenn diese durch die Krebsdiagnose ängstlich, traurig oder verzweifelt sind, und reagieren unter Umständen mit Schlafproblemen, Essstörungen, Unruhe oder verstärktem Weinen. Eltern sollten für solche veränderten oder für das Kind untypischen Reaktionen sensibel sein.

Auch ältere Kinder bekommen natürlich die angespannte Gefühlslage ihrer Eltern mit, oft viel stärker, als diesen bewusst ist. Bei für sie nicht nachvollziehbarem, Angst erzeugendem Verhalten der Eltern ist es deshalb für Kinder wichtig, den Grund hierfür zu erfahren. Kinder beziehen familiäre Missstimmungen schnell auf sich. Sie glauben oft, selbst schuld am veränderten Verhalten der Eltern zu sein. Sie überlegen, was sie falsch gemacht haben könnten, dass die Eltern jetzt so »komisch« sind. Kinder entlastet es, wenn sie von ihren Eltern erfahren, dass sie nicht der Auslöser für deren verändertes Verhalten sind. Jedoch ist es wichtig, auch den Grund für die eigene Anspannung zu benennen. Registrieren Kinder, dass die Erwachsenen gereizt, ängstlich oder ungeduldig sind, und bekommen dann die Aussage zu hören: »Alles ist okay. Mach dir keine Sorgen«, so stimmen ihre eigene Wahrnehmung und die Aussagen der Eltern nicht überein. Folglich ist das Kind irritiert, fühlt sich unsicher, allein gelassen mit seinen Gefühlen und misstraut seiner eigenen Wahrnehmung.

Anregung Fühlen Sie sich mal in ein Kind hinein: Wie würde es Ihnen gehen, wenn Sie mitbekämen, dass Erwachsene hinter Ihrem Rücken tuscheln oder die Eltern immer verstummen, sobald Sie ins Zimmer kommen? Vermutlich würde Sie das auch verunsichern. Sie würden es als eine schmerzhafte Ausgrenzung wahrnehmen, hätten das Gefühl, nicht mehr dazuzugehören. Und eine Frage würde Sie vor allem beschäftigen: Warum? ■

Die Reaktionen der Kinder auf die veränderten Stimmungen und Verhaltensweisen der Eltern sind unterschiedlich; einige Kinder werden zunehmend still und ziehen sich zurück, andere reagieren mit Aggressionen. Viele Eltern können das aggressive Verhalten zunächst nicht nachvollziehen. Das Kind ist doch gar nicht über die Krebsdiagnose informiert, hat somit gar keinen Grund, wütend zu sein, so glauben sie. Doch gerade, nicht zu wissen, was los ist, aber die angespannte Stimmung zu spüren, löst diffuse Ängste aus, auf die Kinder mit aggressivem Verhalten reagieren. Bekommen Kinder dann Zuwendung von ihren Eltern und werden über die Familiensituation aufgeklärt, lassen die Aggressionen in der Regel auch wieder nach.

BEISPIEL Natalie, ein zehnjähriges Mädchen, bekam plötzlich Albträume. Sie wusste, dass ihre Mutter beim Arzt gewesen war; worum es genau ging, hatte sie jedoch nicht erfahren. Das Mädchen spürte nur, dass ihre Eltern irgendwie verändert waren, die Stimmung zu Hause bedrückt war. Natalie reagierte mit den Albträumen auf die veränderte Gefühlslage der Eltern, sie spürte, dass irgendetwas nicht mit ihnen stimmte. Sie wusste nicht, dass ihre Mutter vor wenigen Tagen die Diagnose »Brustkrebs« bekommen hatte. Ihre Eltern waren unsicher, wie sie mit ihr über die Erkrankung sprechen sollten, und hatten entschieden, zunächst die bevorstehende Klassenarbeit in Mathe abzuwarten. Sie vermuteten, dass ihre Tochter auf die Diagnose heftig reagieren würde, und hatten sich deshalb für eine verzögerte Information entschieden. Doch Natalies Albträume zeigten, dass das Kind bereits das Beängstigende wahrnahm. ■

Viele Eltern vermeiden ein offenes Gespräch mit ihrem Kind, weil sie glauben, Kinder würden »nicht so viel mitbekommen«. Das ist definitiv ein Irrtum. Kinder bekommen viel mehr mit, als Erwachsene vermuten. Außerdem haben viele Erwachsene Befürchtungen, wie ihr Kind auf die Information, ein Elternteil sei an Krebs erkrankt, reagieren wird. Sie sind unsicher, wie und ob sie mit den aufkommenden Gefühlen des Kindes umgehen können. Selbst im Moment sehr labil und verzweifelt, haben sie Angst, jetzt auch noch die Traurigkeit und Angst ihres Kindes aushalten zu müssen. Sie fühlen sich doppelt überfordert.

Diese Ängste und Befürchtungen sind verständlich, aber Kinder sollten über die Krebserkrankung eines Elternteils zeitnah informiert werden – auch wenn es schwerfällt. Zahlreiche Studien bestätigen dies, und zwar insbesondere für folgende Wünsche:

☐ Kinder wünschen sich, über die Erkrankung der Eltern informiert zu werden.

☐ Jugendliche wünschen detaillierte, verständliche Information gleich nach der Diagnosestellung.

☐ Jugendliche wünschen sich eine offene Kommunikation über die Krankheit.

☐ Jugendliche möchten informiert werden über die Nebenwirkungen der Behandlung, über alternative Therapien, die Ernsthaftigkeit der Erkrankung und die medizinischen Fakten.

Wenn familiäre Kommunikation über die elterliche Erkrankung vermieden wird oder unrealistisch ist, so werden die Chancen des Kindes beeinträchtigt, erfolgreich mit der Situation umzugehen.

Leider sieht die Realität oft noch anders aus: Kinder erfahren nicht selten als Letzte oder gar nicht von der elterlichen Krebserkrankung. Viele sind unzureichend oder falsch informiert, leben zwischen Andeutungen und Halbwahrheiten oder haben sich in ihrer Fantasie einen eigenen Erklärungsversuch für die Stimmung der Eltern zurechtgebastelt. Gerade weil Kinder oft viel mehr mitbekommen, als Eltern ahnen, ist es notwendig, ein offenes Gespräch über die Erkrankung zu führen.

Viele Eltern sehen sich jedoch damit konfrontiert, dass andere Familienmitglieder oder Freunde zu bedenken geben, die Wahrheit sei für ein Kind viel zu belastend. Ich hoffe, dass dieses Buch dazu beitragen kann, Eltern solche Bedenken zu nehmen und sie darin zu bestärken, mit ihren Kindern offen und ehrlich über die Krebserkrankung zu reden. Kinder sind darauf angewiesen, sich auf ihre Eltern verlassen zu können, dazu gehört auch, ihnen die Wahrheit zu sagen und zuzumuten. Das erfordert von den Eltern Mut.

Der Wunsch, Kindern so lang wie möglich eine heile Welt bewahren zu wollen, ist verständlich, doch wenn ein Elternteil an Krebs erkrankt ist, ist dies nicht mehr möglich. Die Welt ist nicht mehr heil. Die Erkrankung von Mutter oder Vater gehört zum »Schicksal« des Kindes, gehört ab jetzt zu seiner Biografie. Eltern können das Schicksal ihres Kindes nur begrenzt beeinflussen und es nicht davor bewahren. Es gilt, dem Kind sein Schicksal und auch alles damit verbundene Schwere zuzumuten und es bestmöglich darin zu unterstützen, dieses zu bewältigen. »Du bist stark! Wir trauen es dir zu!« – das kann die (nicht ausgesprochene, aber gefühlte) Botschaft der Eltern an ihr Kind sein. Dass dabei keine psychische Überforderung eintreten darf, dazu schreibe ich weiter unten mehr.

Seit vielen Jahren arbeite ich mit Kindern krebskranker Eltern und bin immer wieder beeindruckt, wie viel Kraft diese Kinder in sich haben, welchen starken Willen, sich von diesem Schicksal nicht die ganze Kindheit bestimmen zu lassen. Die Krebserkrankung eines Elternteils in der Kindheit oder Jugendzeit ist nicht nur Belastung, sondern bietet Kindern und Jugendlichen auch die Möglichkeit, aus einer schwierigen Lebenssituation, einer Lebenskrise, gestärkt hervorzugehen.

(Fast) alles ist besser als schweigen! Indem Eltern mit ihrem Kind über die Krebsdiagnose sprechen, vermitteln sie ihm ein Zugehörigkeitsgefühl zur Familie. Die wahrgenommene Bedrohung, die mangels Informationen nicht eingeordnet werden konnte, verliert durch Zuwendung und Aufklärung an Schrecken. Das Kind fühlt sich in seiner Not gesehen und ernst genommen. Je mehr (kindgerecht vermittelte) Informationen Kinder bekommen, desto kleiner ist ihre Angst und desto weniger Raum bleibt für die eigenen Fantasien, die in der Regel viel furchterregender sind als die Realität. Dies wurde auch in Studien bewiesen. Wenn Eltern nicht offen kommunizieren, konstruieren sich Kinder ihre eigenen Erklärungen, die dazu führen können, dass sie sich eine schlimmere Situation herbeifantasieren, als das real der Fall ist – außerdem kann das auch zu Misstrauen gegenüber Erwachsenen führen.

Anregung Setzen Sie sich als Eltern vor dem Gespräch, in dem Sie Ihre Kinder über die Erkrankung informieren wollen, nicht unter Druck, alles perfekt machen zu müssen. Das erwartet niemand von Ihnen. Berücksichtigen Sie auch, wie bisher die Gesprächskultur in Ihrer Familie war. ■

Eine junge Frau erzählte mir einmal, in ihrer Familie sei nie groß über Gefühle gesprochen worden. Das habe sich auch nicht geändert, als die Mutter an Krebs erkrankte. »Es blieb immer alles im Nebel«, so ihr Empfinden.

Eltern, die bisher offen mit ihren Kindern kommuniziert haben, wird dieses Gespräch über die Erkrankung leichter fallen als Eltern, die ihre Kinder aus vielem herausgehalten haben oder in deren Familie es üblich ist, Probleme »unter den Teppich zu kehren«. Ist in der Familie viel Körperkontakt üblich, wird es allen Beteiligten auch jetzt nicht schwerfallen, sich in den Arm zu nehmen und vielleicht gemeinsam zu weinen. Stellen Sie nicht den Anspruch an sich, in diesem Gespräch alle Emotionen unterdrücken zu müssen. Es ist völlig in Ordnung, Ihrem Kind Tränen zu zeigen. Ihre Kinder kennen Sie, so wie Sie sind, und erwarten jetzt kein anderes Verhalten von Ihnen als sonst. Die Hauptsache ist, dass Sie in dem Gespräch ehrlich und authentisch sind, denn dafür haben Kinder ein feines Gespür.

Idealerweise informieren beide Eltern ihr Kind über die Krebserkrankung gemeinsam. Die Erkrankung betrifft alle, deshalb ist es sinnvoll, wenn auch alle an diesem ernsten und wichtigen Gespräch teilnehmen. Sind mehrere Kinder betroffen, die möglicherweise in verschiedenen Alters- und damit Entwicklungsstufen sind, kann es sinnvoll sein, mit den Kindern getrennte Gespräche zu führen. Es ist jedoch wichtig, dass diese Gespräche zeitlich nicht weit auseinanderliegen. Alle Kinder sollten möglichst schnell denselben Informationsstand haben. Es wäre für ein Kind sehr belastend, mehr zu wissen als die Geschwister, darüber aber nicht sprechen zu dürfen. Und es ist definitiv nicht Aufgabe eines Kindes, seine Geschwister über die Erkrankung eines Elternteils zu informieren! Es gibt keinen pauschal »richtigen« Zeitpunkt für das Gespräch. Wichtig ist, dass sich die Familie genug Zeit nimmt. Aufkommende Gefühle müssen Raum haben und alle Fragen der Kinder müssen in Ruhe beantwortet werden können. Hilfreich ist es auch, wenn die Kinder danach die Möglichkeit haben, sich noch durch Spiel oder körperliche Betätigung abzulenken und Stress abzubauen, oder für Jugendliche noch Zeit bleibt, mit Freunden zu telefonieren oder sich zu treffen. Ehrlichkeit ist das Wichtigste in diesem Gespräch. Bleiben Sie bei der Wahrheit! Kinder sollten zunächst so sachlich wie möglich über die Diagnose informiert werden. Kleineren Kinder erklärt man, die Mama oder der Papa habe ein »Aua« und müsse deshalb ins Krankenhaus. Bereits ab Kindergartenalter sollte die Erkrankung aber nicht diffus benannt werden (etwa »eine unheilbare Krankheit« oder auch »eine schlimme Krankheit«), besser ist es, direkt zu sagen, dass es »Krebs« ist. Kinder in diesem Alter haben manchmal schon von einer solchen Krankheit gehört oder bekommen in Unterhaltungen oder Telefonaten der Erwachsenen mit, wenn diese explizit über Krebs sprechen.

Warum sollte man Kinder über die Diagnose aufklären? Die Amerikanische Krebsgesellschaft führt diese Gründe an:

- Kinder bemerken, dass etwas nicht stimmt.
- Nicht über die familiäre Situation zu sprechen heißt, dass es zu gravierend ist.
- Die Kinder werden oft von anderen informiert, und dann vielleicht auch noch falsch oder sogar grausam.
- Kinder fühlen sich ohne Information isoliert, ausgeschlossen und weniger wert.

❑ Die Einbeziehung des Kindes unterstreicht den Glauben an seine Fähigkeiten, die Situation zu bewältigen, sein Selbstbewusstsein wird gesteigert.

❑ Informierte Kinder machen es den Eltern leichter.

Grundsätzlich sollten Eltern darauf achten, dass Kinder, egal welcher Altersstufe, nicht Zeuge von Telefongesprächen mit der Krankheit als Thema werden. Dies gilt während der gesamten Erkrankung. Bei Telefonaten bekommen Kinder vieles zu hören (oft aus dem Zusammenhang gerissen), was für Kinderohren nicht bestimmt ist. Gerade bei noch kleinen Kindern wird oft übersehen, wie viel sie schon wahrnehmen, dies aber nicht in einen Zusammenhang bringen können. Die Kinder sind mit dem Gehörten überfordert, oft fehlt ihnen aber noch die Fähigkeit, gezielt nachfragen und dem Gehörten damit Sinn geben zu können.

Auch für ältere Kinder und Jugendliche gibt es in den Telefongesprächen der Eltern viele Themen, die sie nichts angehen. Wenn beispielsweise eine Frau ihrer besten Freundin am Telefon ihre Befürchtungen mitteilt, ob sie nach erfolgter Brustamputation für ihren Partner noch anziehend sein werde und wie sich ihre Sexualität möglicherweise verändern wird, so ist das ein Thema, das ihre Kinder, egal welchen Alters, einfach nichts angeht und sie auch überfordert. Die Sexualität der Eltern ist grundsätzlich Sache der Eltern, daran ändert auch eine Krebserkrankung nichts. Ebenso sollten Kinder nicht beiläufig in einem mitgehörten Telefonat von den Sorgen und Ängsten erfahren, die die Krebserkrankung bei den Eltern auslöst.

Wird vermieden, Kinder ehrlich über die Krebsdiagnose zu informieren, so besteht immer die Gefahr, dass sie von anderen Familienmitgliedern oder Außenstehenden davon erfahren, oftmals ohne Absicht. Dies ist für Kinder schockierend und der dadurch zu den Eltern entstandene Vertrauensverlust (»Warum habt ihr mich angelogen?«) nicht so schnell wieder gutzumachen. Das Kind sieht sich mit einer schrecklichen Wahrheit konfrontiert und muss gleichzeitig feststellen, dass es sich auf die Aussagen der eigenen Eltern nicht mehr verlassen kann. Zudem ist es für Kinder kränkend, die Erfahrung zu machen: »Andere wissen mehr als ich über meine kranke Mutter/meinen kranken Vater«.

BEISPIEL Julian, 16 Jahre alt, erfuhr durch die Kinder eines mit seinen Eltern befreundeten Ehepaars von der Krebserkrankung seines Vaters. Julian hatte bis zu diesem Zeitpunkt die Beschwerden seines Vaters nicht als besonders besorgniserregend eingestuft und sich keine allzu großen Sorgen um ihn gemacht. Seine Mutter hingegen war davon ausgegangen, dass ihrem Sohn aufgefallen war, dass der Vater nur mit Krebskranken in der Klinik zusammen im Zimmer lag, und er dementsprechend seine eigenen Schlüsse bezüglich der Erkrankung des Vaters gezogen hatte. Sie war enttäuscht, dass ihr Sohn trotz der Krebserkrankung weiterhin unbeschwert den eigenen Interessen nachging, statt den Vater öfter im Krankenhaus zu besuchen. Erst in einem Gespräch zusammen mit Julian in meiner Praxis wurde der Mutter klar, wie wenig sich ihr Sohn über die Erkrankung des Vaters informiert fühlte. Julian hatte in der Tat lange Zeit nicht gewusst, dass sein Vater an Krebs erkrankt war. ■

Auch wenn die Hemmschwelle hoch ist und Sie Ihr Kind schützen wollen, sprechen Sie offen über die Krebsdiagnose. Immer wieder wird mir von Eltern völlig überrascht erzählt, dass ihr Kind offensichtlich nicht weiß, dass ein Elternteil an Krebs erkrankt ist. »Wir haben doch immer über den Tumor gesprochen«, so neulich eine Mutter am Telefon. Ja, aber »Tumor« setzen viele Kinder eben nicht mit »Krebs« gleich und auch nicht jeder Tumor ist bösartig. Ebenso lässt die Formulierung »unheilbare Krankheit« nicht alle Kinder den Rückschluss ziehen, es müsse sich um Krebs handeln. Ein Mädchen erklärte mir, auch Rheuma sei unheilbar und damit könne man trotzdem gut und lange leben. Also: Ausweichende Formulierungen sind nicht hilfreich für Kinder, sondern eröffnen viele Möglichkeiten für Missverständnisse zwischen Eltern und Kind und führen häufig eben dazu, dass ein Kind doch nicht richtig informiert ist.

Anregung Vermeiden Sie unklare Formulierungen und sagen Sie deutlich, dass es sich um eine Krebserkrankung handelt. ▪

Informieren Eltern ihr Kind über die Erkrankung, so können sie sich während des Gesprächs vom Wissensdurst ihres Kindes, seinen Nachfragen leiten lassen. Nicht alle Details über die Krankheit und Therapie müssen in einem ersten Gespräch erörtert werden. Fragen der Kinder sollten beantwortet werden, aber wenn Kinder sich abrupt einem anderen Thema oder einem Spiel zuwenden, sollte dies als Signal verstanden werden, dass die Aufmerksamkeit erschöpft und es für heute genug ist. Mehr kann das Kind jetzt vermutlich nicht verkraften. Eltern können ihre Kinder ermutigen, wieder nachzufragen, wenn sie mehr wissen möchten. Auch während des Gesprächs ist es hilfreich, besonders kleinere Kinder immer wieder zu fragen, ob sie alles verstanden haben.

Alle Fragen der Kinder müssen ehrlich beantwortet werden; sogar ein »Ich weiß es auch noch nicht so genau« hilft einem Kind mehr als eine Lüge. Unwahre Antworten hinterlassen bei Kindern Unsicherheit vor weiteren Unklarheiten. Hat ein Kind das Gefühl, von seinen Eltern belogen worden zu sein, so ent- stehen auch bei der nächsten Gelegenheit Misstrauen und die Befürchtung, möglicherweise wieder nicht die Wahrheit gesagt zu bekommen.

Ehrlichkeit empfiehlt sich auch im Hinblick auf die Prognose. Manche Kinder fragen gleich konkret, ob der kranke Elternteil denn jetzt sterben wird. »Menschen sterben an Krebs« – so die lakonisch wirkende Feststellung eines Neunjährigen auf die Information, sein Vater sei an Krebs erkrankt. Zunächst einmal muss man dem Jungen recht geben; manche Menschen sterben an Krebs. Es ist also wichtig, eine solche Aussage ernst zu nehmen und dann (aber nur, wenn die Prognose dazu Anlass gibt) zu relativieren, etwa so: »Ja, manche Menschen, die an Krebs erkrankt sind, sterben auch daran, aber nicht alle, viele werden auch wieder gesund. Bei deinem Papa haben die Ärzte uns große Hoffnung gemacht, dass er wieder gesund werden wird, da der Krebs früh entdeckt wurde und noch sehr klein ist.«

Viele empfinden eine Aussage wie die des Neunjährigen als herzlos und verletzend. Sie zeigt aber die tiefe Not und die Sorgen des Kindes um den erkrankten Elternteil und möglicherweise auch um die eigene Zukunft. Außerdem, wenn wir ehrlich sind: Wie viele Erwachsene denken bei der Diagnose »Krebs« nicht auch sofort an den Tod, unabhängig davon, was die Ärzte sagen? Kinder sind hier oft ehrlicher und sprechen ihre Ängste offen aus. Dafür sollte man sie nicht als herzlos bezeichnen oder ermahnen, sondern sie in ihrer Not sehen.

Anregung Fragen Sie Ihr Kind konkret, ob es sich Sorgen macht und befürchtet, der kranke Elternteil würde bald sterben. Eine offene Frage erleichtert Ihrem Kind, über seine Ängste zu sprechen. ■

Jugendliche halten sich mit der Frage nach dem Tod zurück, doch die Gedanken gehen sicher bei vielen von ihnen in dieselbe

Richtung. Auch sie sorgen sich von Anfang an darum, was die Krebsdiagnose für den Kranken bedeutet, wie es für sie alle in der Familie weitergehen wird. Eine 16-Jährige formulierte es so: »Ich wollte sofort wissen: Wie geht es weiter? Was kann noch passieren? Was kommt schlimmstenfalls auf uns zu?« Das mag oft hart klingen, aber letztlich handelt es sich immer um Bewältigungsversuche einer als unerträglich empfundenen Lebenssituation.

Immer wieder ist von Kindern und Jugendlichen zu erfahren, es sei wichtig gewesen, von Anfang an Antworten auf die Frage zu bekommen: »Wie steht es genau um den Kranken?« Jugendliche äußern sehr deutlich ihren Wunsch nach Ehrlichkeit, sie wollen sich keine falschen Illusionen machen. Auch erzählen viele, sie hätten schon »so ein komisches Gefühl« gehabt: »Ich denke, ich wusste es schon davor, dass es Krebs ist.«

Auch wenn es verlockend ist, ein Kind mit dem Versprechen »Alles wird wieder gut!« zu trösten, wirklich hilfreich ist es nicht. Besser ist eine Erklärung gegenüber dem Kind, dass die Ärzte alles unternehmen werden, um die Mama oder den Papa wieder gesund zu machen, und dass alle hoffen und vielleicht auch dafür beten, dass dies geschehen möge. Wenn Sie realistisch Hoffnung haben, sagen Sie das Ihrem Kind, aber geben Sie keine Versprechen. Eltern können viel Vertrauen ihres Kindes verlieren, wenn sie vorschnell gut gemeinte Heilungsversprechen abgeben, die sie irgendwann nicht halten können.

Auch eine Antwort wie: »Wir wissen noch nicht, ob die Mama/der Papa wieder ganz gesund werden wird«, hilft einem Kind weiter. Das Kind spürt, dass die Eltern ehrlich sind. Eine Antwort, die unbedingt vermieden werden sollte, heißt: »Dafür bist du noch zu klein.« Fragen von Kindern müssen immer ernst genommen und altersgemäß beantwortet werden.

Außerdem haben oft auch Kinder bereits eine Vor-Erfahrung mit einer Krebserkrankung. Vielleicht ist innerhalb der Familie bereits jemand an Krebs erkrankt oder ein Nachbar oder ein Elternteil eines Freundes. An diesem »Fall« wird sich das Kind orientieren. Wurde der Kranke wieder gesund, so wird das Kind vermutlich die Prognose auch für den erkrankten Elternteil positiv einschätzen, verstarb der Krebskranke, wird ein Kind auch jetzt eher mit dem Tod rechnen. Hier ist es wichtig zu differenzieren und dem Kind aufzuzeigen, dass es verschiedene Stadien einer Krebserkrankung gibt, verschiedene Organe vom Krebs befallen werden können und eine Pauschalisierung nicht möglich ist.

An dieser Stelle auch noch ein Wort zum Thema »Internet«: Relativ selten bekomme ich von Kindern und Jugendlichen in meiner Praxis zu hören, dass sie im Internet selbst nach Informationen über die Erkrankung eines Elternteils gesucht haben. Doch was passiert, wenn Kinder im Netz versuchen, sich über die Krebserkrankung eines Elternteils zu informieren? Sie bekommen viele, ungefilterte Informationen, die die persönliche Situation der kranken Mutter oder des kranken Vaters nicht berücksichtigen. Schlimmstenfalls wird ein Kind mit schlechten Prognosen und entmutigenden Statistiken konfrontiert und ist dann mit diesem Wissen allein. Ich bin davon überzeugt: Je besser Kinder und Jugendliche von ihren Eltern informiert werden, desto weniger Bedarf besteht an Informationen aus dem Netz – und das halte ich für gut.

Die sachlichen Informationen sind nur die eine Ebene des Gesprächs mit Kindern über die Krebserkrankung; auch die Gefühle sollten ausgedrückt werden. Oft haben Eltern Angst zu weinen, wenn sie ihr Kind über die Krebserkrankung informieren, weil sie glauben, von den eigenen Emotionen so überwältigt zu werden, dass sie ihr Kind nicht mehr trösten können. Ich halte es jedoch für völlig normal und sogar für angemessen, dass in einem solchen ernsten Gespräch auch geweint wird. Die weitverbreitete Vorstellung von Eltern, sie müssten vor ihrem Kind immer stark erscheinen, ist falsch. Zeigen Eltern in dieser Situation ihre Gefühle, so ermöglichen sie auch ihrem Kind, eigene Emotionen auszudrücken.

Kinder orientieren sich im Umgang mit Gefühlen an ihren Eltern, auch in der Krise haben Eltern eine Vorbildfunktion. Weinen sie und sprechen sie über ihre Angst vor der Krebserkrankung, dann kann ein Kind das auch tun. Geben sich Eltern stark, so wird ein Kind das Gefühl haben, dass es nicht weinen darf, und seine Tränen ebenfalls unterdrücken. Doch weinen muss erlaubt sein. Verlangen Sie weder von sich noch von Ihrem Kind, jetzt tapfer sein zu müssen.

BEISPIEL Nachdem die zehnjährige Klara von der Krebserkrankung ihrer Mutter erfahren hatte, zeigte sie sich in den folgenden Tagen, entgegen ihrer sonstigen Art, besonders anhänglich, wich ihrer Mutter nicht mehr von der Seite. Ihre Tränen zeigte das Mädchen jedoch nur den Großeltern, die sich jetzt verstärkt um die Enkelin kümmerten. Klaras Mutter hatte Befürchtungen, mit ihrer Tochter über deren verändertes Verhalten zu reden. »Ich will keine Angst provozieren«, so ihre

Argumentation. Das war verständlich, aber die Angst war ja schon da, Klara zeigte sie deutlich in ihrem Verhalten, auch wenn sie sie nicht aussprach.

Hier gab es nichts zu provozieren, sondern es galt, das zu benennen, was ohnehin im Raum stand: Klaras Angst um die Mama. Wird diese offen angesprochen, fühlt sich das Kind von seiner Mutter verstanden.»Die Mama merkt immer noch, auch wenn sie krank ist, wie es mir geht, und tröstet mich.« Außerdem ermöglicht das Aussprechen von Klaras Angst auch der Mutter, mit ihrer Tochter über ihre eigenen Ängste zu sprechen. Klara bekommt damit das Gefühl, mit ihrer Angst nicht allein zu sein. »Meine Angst ist okay, sie darf sein und Mama und Papa haben auch ein bisschen Angst.« ■

Dies meint jedoch nicht, ein Kind mit allen Ängsten der Eltern zu überschütten und zu konfrontieren. Das wäre mehr, als ein Kind tragen kann. Es ist, und zwar sicher während der gesamten Erkrankung, für die Eltern ein Balanceakt, über Gefühle zu sprechen und sie zu zeigen und ein Kind trotzdem nicht mit den eigenen Emotionen zu überfordern.

In der europaweiten COSIP-Studie (COSIP steht für »children of somatically ill parents«) wurden die Belastungen von Kindern schwer kranker Eltern erforscht. Die Studie kam zu dem Ergebnis, dass 30 Prozent der Kinder solcher Eltern häufiger an klinisch relevanten Angststörungen, Depressionen, psychosomatischen Beschwerden oder Lernstörungen leiden (MÖLLER u. a. 2008).

Typische Reaktionen, die Kinder zeigen, wenn sie von der Krebsdiagnose eines Elternteils erfahren, sind Weinen, Traurigkeit, möglicherweise auch Wut oder gar scheinbares Desinteresse. Viele Eltern sind verletzt, wenn ihr Kind Desinteresse

angesichts einer solchen einschneidenden Nachricht demons-
triert. Ich würde eine solche Reaktion jedoch immer als einen
Versuch des Kindes interpretieren, sich zu schützen. Wichtig ist
es, einem Kind zu signalisieren, dass alle aufkommenden Gefühle
in dieser Situation in Ordnung sind und »sein« dürfen. Eltern
sollten diesen Gefühlen Raum geben und ihr Kind so trösten
und beruhigen, wie sie es auch sonst tun.

Anregung Fordern Sie von Ihrem Kind keinen Körperkontakt und
auch kein weiteres Gespräch ein, wenn das Kind Ihnen deutlich
signalisiert, dass es jetzt erst mal in Ruhe gelassen werden will.
Sie können zu einem späteren Zeitpunkt nachfragen, ob das
Kind noch etwas von Ihnen braucht. ■

Gerade bei kleineren Kindern ist es wichtig zu sagen, dass Krebs keine ansteckende Krankheit ist. Viele Kinder (auch ältere) haben Angst, sie könnten sich beim kranken Elternteil anstecken und würden dann auch Krebs bekommen. Aus dieser Angst heraus vermeiden einige Kinder Nähe und Körperkontakt mit dem erkrankten Elternteil. Kranke erleben diesen Rückzug oft als verletzend, können ihn gar nicht verstehen, und auch die Kinder versagen sich Nähe, nach der sie sich eigentlich sehnen. Miteinander zu kuscheln ist für Kinder und Eltern gleichermaßen hilfreich und tröstlich, auch wenn Eltern Krebs haben.

Außerdem assoziieren kleine Kinder Krebs oft mit einem Tier und stellen sich dann vor, dieses würde im Körper der Mutter oder des Vaters leben. Eine Mutter erzählte, wie ihre vierjährige Tochter sich nach der Krebserkrankung des Vaters im Urlaub weigerte, ins – bisher heiß geliebte – Meer zum Baden zu gehen. Das kleine Mädchen hatte plötzlich Angst vor dem Wasser, weil sie dort Krebse vermutete. Auch der Krebs ihres Vaters sei ein Tier gewesen, so ihr Verständnis von der Krankheit, und konsequenterweise würde sie jetzt auch Krebs bekommen, wenn sie im Meer baden würde.

Kleine Kinder haben ihre eigene Art, sich die Welt zu erklären. Vorstellungen werden oft eins zu eins übertragen, wie ein weiteres Beispiel zeigt:

BEISPIEL Als Lilly, sechs Jahre alt, von ihrer an Brustkrebs erkrankten Mutter erzählt bekam, dass die Ärzte den Krebs rausschneiden würden, fragte das Mädchen, ob das nicht sehr wehtun würde. Die Mutter erklärte ihr, dass sie nichts davon spüren würde, da sie vorher von den Ärzten eine Narkose bekäme. Lilly

fragte nach: »Auch mit dem Gewehr?« Lilly hatte im Fernsehen
in Tierfilmen gesehen, dass wilde Tiere Betäubungsmittel durch
ein Gewehr verabreicht bekamen. Sie ging davon aus, das wäre
jetzt bei ihrer Mutter genauso. ■

Solche Beispiele zeigen, wie genau Erwachsene auf ihre
Wortwahl und ihre Erklärungen achten müssen, wenn sie mit
kleinen Kindern über die Erkrankung sprechen. Oft ist es hilfreich, das Kind zu fragen, wie es sich selbst die Krebserkrankung vorstellt. Dann können, wenn nötig, die Vorstellungen
des Kindes entsprechend korrigiert werden.

Ich erlebe es in meiner Arbeit mit den Kindern oft auch als
nützlich, mittels eines gemalten Bildes zu erklären, was genau
ich meine. Dann male ich beispielsweise einen Menschen mit
einem dicken Punkt im Bauch. Der Punkt ist der Krebs, der jetzt
von den Ärzten herausgeschnitten wird. Durch einfache bildliche
Darstellungen können sich Kinder oft besser vorstellen, wovon
wir Erwachsenen reden. Auch anhand von Puppen lässt sich oft
einfacher über die Erkrankung sprechen.

Oft fällt es Erwachsenen schwer, kindgerecht zu erklären,
was eine Krebserkrankung ist.

Literaturempfehlung In dem Buch *Mein wunderschöner Schutz-
engel – Als Nellys Mama Krebs bekam* bedient sich die Auto-
rin Kerstin Hermelink dieses Vergleichs in Anlehnung an das
Grimm'sche Märchen *Der süße Brei*.
Ein Vater erklärt seinem Kind:
*Es war einmal ein Kind, das bekam einen Topf geschenkt.
Wann immer man zu dem Topf sagte: »Töpfchen, koche!«,
kochte der Topf süßen Brei, so viel man nur essen wollte.
Eines Tages kam die Mutter des Kindes nach Hause und hatte
Hunger. Sie sagte zum Topf: »Töpfchen, koche!«, und schon*

begann der Topf, süßen Brei zu kochen. Die Frau aß, bis sie satt war, und nun sollte der Topf wieder aufhören – aber die Frau hatte das Zauberwort vergessen, das den Topf zum Stehen brachte! Da kochte der Topf immer weiter, der süße Brei quoll auf den Herd und in die ganze Küche und schließlich zum Fenster hinaus auf die Straße und sogar in die anderen Häuser hinein und wurde immer mehr. Endlich kam das Kind nach Hause und sagte: »Töpfchen, steh!« *Das war das Zauberwort, und der Topf hörte auf zu kochen. Aber die Leute, die in ihre Häuser wollten, mussten sich erst mal zu ihren Haustüren durchessen.*

Anschließend erklärt der Vater dem Kind den Vergleich. Das Kind begreift:

»*Und mit dem Krebs ist es wie mit dem süßen Brei, er wird immer mehr?*«

»*Genau*«, bestätigte Papa. »*Der Krebs ist eigentlich nichts Schlechtes. Das ist eigentlich einfach Körpergewebe. Nur kann es nicht aufhören zu wachsen und mehr zu werden. Und wenn überall Krebsgewebe ist, dann können die Organe im Körper schließlich nicht mehr arbeiten.*«

»*Papa, kennen die Ärzte das Zauberwort?*«

»*Die Ärzte kennen sogar viele Zauberworte*«, meinte Papa. »*Sie wissen aber nicht, welches das richtige ist, denn jeder Krebs ist ein bisschen anders. Deshalb probieren sie meistens mehrere Zauberworte aus. Das sind allerdings nicht nur Worte, sondern die verschiedenen Chemotherapien, Bestrahlung und noch alles Mögliche andere – alles, was die Ärzte haben, um den Krebs zu behandeln. Oft ist das richtige Zauberwort dabei, der Krebs hört auf zu wachsen.*« ∎

Besonders bei kleineren Kindern sind Eltern oft unsicher,

wie viel ihr Kind wirklich von ihren Erklärungen über die
Krankheit und Therapie verstanden hat.

BEISPIEL Die Eltern des fünfjährigen Sören hatten mit ihrem
Sohn über die vor einem Monat diagnostizierte Krebserkrankung der Mutter gesprochen und ihm auch von der bevorstehenden Chemotherapie erzählt. Aber wie viel hatte der Kleine
davon wirklich verstanden? Im Spielen mit Sören in meiner
Praxis wurde das schnell klar. Sören spielte mit einem Kran-
kenwagen und Stofftieren. Er erklärte mir:»Alle Tiere haben
Krebs. Alle kommen ins Krankenhaus. Alle bekommen Chemo.
Allen geht das Fell aus. Alle werden wieder gesund.« ■

Gerade für kleine Kinder ist das Spiel eine gute Möglichkeit,
das zu verarbeiten, was sie beschäftigt. Auch wenn solche Spiele
manchmal die Nerven der Eltern stark strapazieren, für Kinder
sind diese Spiele ein Mittel der Verarbeitung. Es hilft ihnen,
wenn Eltern ihnen den Freiraum hierfür gewähren.

Anregung Beobachten Sie Ihr Kind beim Spielen. Häufig bekommen Sie dadurch wichtige Informationen, wie viel Ihr Kind
von der Erkrankung verstanden hat und mit welchen Fragen es
sich beschäftigt. ■

Nachdem die Diagnose feststeht und die Kinder informiert sind, sollten diese auch über bevorstehende Therapien informieren werden. Was wird genau gemacht? Was bewirkt das im Körper? Welche Nebenwirkungen sind zu erwarten? Welche äußeren Veränderungen werden beim Vater oder bei der Mutter auftreten?

Literaturempfehlung Manche Erwachsene sind überfordert, wenn sie genau die Vorgänge im Körper und die Funktionen der einzelnen Organe erklären müssen. Unterstützung erhält man zum Beispiel in dem Buch *Das große Buch vom Körper* von David Macaulay. Das Buch ist geeignet für Kinder ab acht Jahren und enthält neben den Texterklärungen auch viele Zeichnungen, die veranschaulichen, was im Körper passiert.

So hilfreich dieses Buch sein kann, es besteht auch die Gefahr, sich in der Faszination des menschlichen Körpers zu »verlieren«. Es bietet dann Kindern wie auch Erwachsenen die – oft willkommene – »Fluchtmöglichkeit«, sich intensiv mit sachlichen, wissenschaftlichen Fragen zu beschäftigen und die Angst machenden Gefühle auszublenden. ▪

Außerdem ist es wichtig, dem Kind mitzuteilen, wie lange die Therapie und damit auch die anstehenden Veränderungen im Familienleben voraussichtlich dauern werden. Auch hierfür gilt: Machen Sie keine Versprechungen, die Sie nicht halten können. Eine Formulierung wie die folgende hilft einem Kind: »Wir hoffen, dass die Mama an ihrem Geburtstag wieder ganz zu Hause ist und nicht mehr ins Krankenhaus zur Chemotherapie gehen muss. Aber ganz sicher kann ich dir das noch nicht sagen.«

Wenn durch die Chemotherapie Haarausfall zu erwarten ist, sollten Eltern rechtzeitig mit ihrem Kind darüber sprechen. Es ist für Kinder äußerst schockierend, Mutter oder Vater plötzlich ganz ohne Haare mit einer Glatze zu sehen. Immer wieder bekomme ich von Eltern fassungslos erzählt, wie panisch ihr Kind auf den – zuvor nicht thematisierten – Haarverlust reagiert habe.

»Die Chemotherapie ist so stark, dass auch gesunde Zellen zerstört und die Haare ausfallen werden«, diese Information sollten Kinder unbedingt vermittelt bekommen, gleichzeitig aber auch die Zusicherung, dass die Haare danach wieder wachsen werden. Auf den Anblick eines Elternteils, insbesondere der Mutter, mit Glatze müssen Kinder vorbereitet werden. Als hilfreich hat es sich erwiesen, Kinder zu fragen, ob sie zum Friseur mitgehen möchten, wenn die Haare abrasiert werden. Doch hier muss jeder Kranke entscheiden, ob er selbst das auch möchte. Für viele ist der Verlust der Haare ein großes Problem, mit dem sie selbst erst zurechtkommen müssen. Auch bei der Auswahl einer Perücke können Kinder mit einbezogen werden.

Es mag etwas absurd erscheinen, aber manche Kinder bekommen Angst, auch ihnen könnten jetzt die Haare ausgehen. Sollten Sie diese Angst bei Ihrem Kind bemerken, sprechen Sie sie an, machen Sie deutlich, dass nur der Kranke die Haare verliert, weil nur er die Medikamente bekommt.

Anregung Erklären Sie, dass die Haare deshalb ausfallen, weil die Haarzellen – genau wie die Krebszellen – Zellen sind, die besonders schnell wachsen (sich teilen). Die Chemotherapie soll die Teilung der Krebszellen stoppen – aber sie verhindert eben auch, dass die Haare weiter wachsen. ■

Viele Frauen, denen ich in meiner Praxis begegne, zeigen sehr selbstbewusst ihre Glatze; Kindern ist dies jedoch oft unangenehm. »Du bist total peinlich, da muss ich mich ja für dich schämen«, so die Reaktion einer Zehnjährigen auf die Ankündigung ihrer Mutter, während der Chemotherapie keine Perücke tragen zu wollen. Hinter so einer Aussage steckt auch die sicher nicht unbegründete Angst, von anderen Kindern Abfälliges über das Aussehen der eigenen Mutter zu hören oder ausgelacht zu werden. Oftmals ist es hilfreich, bei diesem Thema einen Kompromiss zu finden. Das Kind wird es entlasten, wenn der Erkrankte immer dann eine Perücke trägt, wenn andere Kinder anwesend sind, zum Beispiel beim Abliefern in der Musikschule, beim Fußballturnier, beim Schulfest etc.

Unterschätzt wird, wie wichtig das Thema »Haare« für viele Kinder ist. Keine Haare zu haben wird oft gleichgesetzt mit »ganz krank«. Sind die Haare wieder gewachsen, wird das oft als ein Zeichen für »wieder ganz gesund« angesehen.

Literaturempfehlung Die Deutsche Kinderkrebsstiftung hat einige Büchlein herausgegeben, die kindgerecht beschreiben, was Zellen und besonders Krebszellen sind und wie Chemotherapie und Bestrahlung funktionieren. Hier ein Auszug aus dem Heft *Der Chemo-Kasper und seine Jagd auf die bösen Krebszellen* (von Helle Motzfeldt):

Genauso wie die Wände eines Hauses aus einzelnen Steinen gemauert werden, so ist deine Haut aus kleinen Zellen aufgebaut. Alles in deinem Körper ist aus kleinen Zellen zusammengesetzt: Die Haut aus Hautzellen, die Haare aus Haarzellen und das Blut aus Blutzellen. Die Zellen sind so klein, dass du sie nicht sehen kannst. (...) Es ist schwierig zu verstehen, was Zellen sind, weil du sie nicht sehen kannst. Aber stell dir vor, dass die Zellen in deiner Haut so dicht beieinander liegen wie die Mauersteine in den Wänden eines Hauses. (...)

Allen Zellen geht es gut, sie sind fröhlich und mögen einander gern, weil sie genug Platz zum Leben haben. (...) Die ganze Zeit wachsen Babyzellen heran. Auch du wirst größer und größer, weil immer neue Zellen dazukommen, genauso wie deine Haare wachsen und immer länger werden, weil deine Haarzellen ständig neue Babys bekommen.

Manchmal passiert es, dass eine Zelle verrückt spielt. Sie ist so verrückt und böse, dass sie nicht mit den anderen Zellen in deinem Körper zusammen sein will. Eine solche Zelle nennt man Krebszelle. (...) Die anderen Zellen sind wütend auf die Krebszelle. Denn sie schubst alle Zellen zur Seite und lässt sie nicht in Ruhe. Die Krebszelle nimmt keine Rücksicht, ihr ist alles egal. Ganz schnell bekommt sie viele Babys, die genau so verrückt sind, und zum Schluss ist eine große Menge davon da. Sie klumpen sich zusammen und lassen die anderen Zellen nicht hinein. Die anderen Zellen sind bald ziemlich sauer auf die verrückten Krebszellen, denn was soll man mit ihnen anfangen? Manchmal werden die Krebsklumpen so groß, dass der Doktor sie herausschneiden muss.

Während in diesem Büchlein nach der Erklärung, was Zellen sind, beschrieben wird, was eine Chemotherapie ist, wird in *Radio-Robby und sein Kampf gegen die bösen Krebszellen* (ebenfalls von der Deutschen Kinderkrebsstiftung und der Deutschen Leukämie-Forschungshilfe herausgegeben) erklärt, was bei einer Bestrahlung passiert.

Texte und Bilder der beiden Hefte sind für Eltern hilfreich, wenn sie mit ihrem Kind über Krebs, Chemotherapie und Bestrahlung reden müssen. Aber: In beiden Publikationen sind Kinder die Kranken, die Ausgangssituation ist also eine andere. Trotzdem empfehle ich die beiden Hefte – vielleicht lesen Sie die Geschichten auch gar nicht vor, sondern übernehmen nur die kindgerechten Erklärungen.

Ebenfalls empfehlenswert ist das Buch *Als der Mond vor die Sonne trat* von Gerhard Trabert. Hier erklärt der Großvater seinen Enkelkindern, deren Mutter an Brustkrebs erkrankt ist, die verschiedenen Behandlungsformen bei Krebs sehr anschaulich anhand von Fischen in einem Aquarium. ■

Auch wenn sich vieles um die Haare dreht, sollten Sie natürlich auch die anderen möglichen Nebenwirkungen der Chemotherapie Ihrem Kind gegenüber erwähnen. Viele Kinder sind schockiert und fühlen sich sehr hilflos, wenn sie miterleben, dass ihr Vater oder ihre Mutter sich plötzlich übergeben muss. Wenn möglich, sollten Sie vermeiden, dass Ihr Kind davon Zeuge wird.

Außerdem ist es für Kinder schwer nachvollziehbar, wie müde und wenig belastbar Eltern während der Chemotherapie und auch Bestrahlung sind. Besonders kleineren Kindern muss hier sehr deutlich gemacht werden, dass diese Müdigkeit eine Folge der Therapie ist und keineswegs mit »nicht wollen« oder Lustlosigkeit gleichgesetzt werden kann. Es macht einen großen Unterschied, ob der Papa aufgrund der Chemotherapie so müde ist, dass er nicht mit zum Fußballspielen kommt, oder ob er keine Lust dazu hat.

Lukas beschreibt deutlich seine Gefühlslage, wenn seine Mutter von der Chemotherapie nach Hause kommt:

LUKAS (12) Wenn meine Mutter von ihrer Chemotherapie kommt, dann nervt mich meine Unwissenheit, denn ich würde sehr gern in jeder Sekunde wissen, wie es ihr geht. Das ist aber nicht möglich, weil sie meistens zwanzig Stunden am Tag schläft. Außerdem ist da auch noch Hilflosigkeit bei mir, denn ich würde

ihr gerne helfen. Meistens wüsste ich gerne, wenn sie sch¹
sie Schmerzen hat oder es ihr nicht gut geht. Meine Mutter sa₅
mir zwar immer, ob sie Schmerzen hat oder nicht, aber wenn
sie schlaft, ist das sehr schwierig.

Auch über bevorstehende Operationen müssen Kinder
informiert werden: Was genau wird gemacht? Wie wird sich
der Körper durch die Operation auch äußerlich verändern?
Wichtig ist es, einem Kind zu vermitteln, dass auch nach dem
Krankenhausaufenthalt noch nicht alles wieder gut und so
sein wird wie früher. Kinder setzen das meistens voraus und
sind dann sehr enttäuscht, wenn sie feststellen, dass Mutter
oder Vater, endlich wieder zu Hause, die meiste Zeit erschöpft
auf dem Sofa liegt und noch immer nicht gesund ist. Kinder
sollten von Anfang an wissen, dass mit der Operation in der
Regel noch nicht alle Belastungen im Familienleben vorbei
sind. Bereiten Sie Ihr Kind offen auf vorübergehende und auch
bleibende Veränderungen vor, sowohl körperliche als auch
seelische.

Gerade bei bleibenden Veränderungen ist es wichtig, gemeinsam den erlittenen Verlust auch zu betrauern. Es gilt, sich
zu verabschieden: von einem gesunden, unversehrten Körper,
von einigen Fähigkeiten (Sport oder Essensaufnahme), von manchen gemeinsamen Aktivitäten mit der Familie, die jetzt nicht
mehr möglich sind. Oft entfällt diese Trauer in den Familien.
Stattdessen wird alles »schöngeredet«, ist »positiv zu denken«
das für alle ausgegebene Motto. Doch damit wird ein ganz
wichtiger Schritt der inneren Verarbeitung übersprungen und
verhindert, sowohl für den Kranken als auch für den Rest der
Familie. Wird Altes gut verabschiedet, kann die neue Situation
oft viel besser akzeptiert und angenommen werden.

BEISPIEL Der Vater des zwölfjährigen Mark war durch die Krebserkrankung und durch die erfolgten Operationen und Therapien nicht mehr in der Lage, normal zu essen, sondern musste ausschließlich über eine Magensonde ernährt werden. Über diese einschneidende Veränderung wurde im Kreis der Familie nie gesprochen, das Thema wurde tabuisiert – und doch war es ein das Familienleben beherrschendes Thema, jeden Tag präsent.

Mark, seine ältere Schwester und auch die Mutter gewöhnten sich an, soweit möglich, nur noch heimlich zu essen, im Vorbeigehen etwas hinunterzuschlingen. Alle hatten Angst, den Vater und Ehemann damit zu konfrontieren, ihnen beim Essen zusehen zu müssen. Essen war plötzlich für alle nicht mehr lustvoll, sondern stressbesetzt. Die Magensonde war nicht nur das Problem des Kranken, sondern war zum Problem der ganzen Familie geworden. Doch die Angst auszusprechen, wie viel Lebensqualität für die ganze Familie verloren gegangen war, verhinderte sowohl die gemeinsame Trauer über den erlittenen Verlust als auch das Finden einer neuen Umgehensweise innerhalb der Familie mit dem jetzt so stressbesetzten Thema »Essen«. ■

Ist ein Elternteil im Krankenhaus, so ist es sinnvoll, dem Kind immer freizustellen, ob es diesen im Krankenhaus besuchen möchte oder nicht. Kinder sollten nicht unter Druck gesetzt werden oder ein schlechtes Gewissen vermittelt bekommen, wenn sie sich gegen den Besuch entscheiden. Viele Kinder haben vor dem Krankenhaus und dem Anblick des Kranken Angst, fühlen sich aber schuldig, wenn sie dieser Angst nachgeben und den kranken Elternteil nicht besuchen. Hier ist es hilfreich, dem Kind anzubieten, ein Bild für die Mama oder den Papa zu malen oder einen Brief zu schreiben, beides Dinge, die man dann

mitnehmen und stellvertretend überreichen kann. Somit wird
auch ohne Besuch signalisiert:»Ich denke an dich.«

Anregung Geben Sie Ihrem Kind die Bestätigung, dass sowohl
der Besuch im Krankenhaus als auch das Zu-Hause-Bleiben
okay sind. ■

Wenn sich ein Kind für den Besuch im Krankenhaus entscheidet, ist es oft sinnvoll, vorher zu beschreiben, was das
Kind dort erwarten wird, zum Beispiel Infusions- und Beat-
mungsschläuche oder Blasenkatheter. Der Anblick des Kranken ist unter diesen Umständen selbst für Erwachsene häufig
beängstigend, es ist also nachvollziehbar, wenn auch Kinder
auf den ungewohnten Anblick schockiert reagieren. Doch zeigt
sich immer wieder, dass sich Kinder in ihrer Fantasie Dinge
umso furchterregender ausmalen, je weniger Informationen sie
erhalten bzw. je weniger sie miterleben können. Aus meiner
Erfahrung möchten die meisten Kinder durchaus den kranken
Elternteil im Krankenhaus besuchen. Sie haben Sehnsucht nach
der Mutter oder dem Vater und möchten sich mit eigenen Augen
überzeugen, wie es ihr oder ihm geht. Trotzdem hält die Angst
manchmal von dem Besuch ab.

VIOLA (13) Meine Mama hat seit acht Jahren Krebs. Letztes
Jahr im September musste sie noch mal operiert werden, da
sich herausstellte, dass sie wieder einen bösartigen Tumor im
Kopf bekommen hatte. Ein heftiger Schlag für uns alle. Ich war
sehr entsetzt und traurig und hatte auch Wut auf den Tumor.
Ich hatte Angst, wie es weitergehen würde. Meine größte Sorge
war, dass meine Mama nicht mehr nach Hause kommen würde.
Manchmal bekam ich auch ein bisschen Albträume. Ich bin von
den Albträumen zum Glück nicht wach geworden. Ich habe
geträumt, dass meine Mutter nie wieder nach Hause gehen durfte.

Mein Papa, meine Mama und ich haben kaum über die Situation meiner Mama geredet, aber jedes Gespräch, auch wenn es sehr kurz war, war hilfreich. Ich hätte mir ein Gespräch gewünscht, in dem wir mehr über die Angst geredet hätten. Ich hatte immer das Gefühl, wir alle in der Familie haben Angst, aber jeder ist mit seiner Angst allein, weil wir nicht miteinander gesprochen haben. Auch mit meinem älteren Bruder habe ich nicht drüber reden können, obwohl der bestimmt auch Angst hatte.

Der Tag der Operation war aufregend und mit vielen Gefühlen verbunden wie Traurigkeit und Wut. Mein Papa war an diesem Tag besonders lang im Krankenhaus. Am Abend, als er endlich nach Hause kam, erzählte er mir, wie es meiner Mama ging. Ich konnte sie auch besuchen im Krankenhaus, das war cool. Der Anblick meiner Mama tat mir gut, auch wenn sie noch nicht besonders fit war. Sie hat in der Zeit im Krankenhaus viel abgenommen, das hat mich sehr beunruhigt.

Wann meine Mama wieder aus dem Krankenhaus nach Hause kommen würde, wusste auch keiner so genau. Das war sehr doof, denn ich wollte endlich wissen, wann die Mama wieder zu uns kommt. Mein Papa und mein Bruder und ich waren in dieser Zeit auf uns allein gestellt. Wir haben genau beredet, was wir machen müssen, wenn meine Mama wieder nach Hause kommt, da sie nicht mehr so viele Sachen machen konnte. Das war sehr gut, weil jeder wusste, dass er auf meine Mama Rücksicht nehmen musste und was er für Hausarbeiten erledigen sollte. Als meine Mama aus dem Krankenhaus rauskam, war ich froh, sie endlich wiederzusehen. Mein Papa und ich haben eine Überraschungsfete für sie geplant.

Meine Mama musste noch eine lange Chemo machen. Kurz darauf merkte ich, dass ihr die Haare ausfielen. Meine Mama

ohne Haare zu sehen war komisch, denn ich kannte das ja
nicht. Am Kopf hatte sie eine riesige Narbe (hat sie heute immer
noch). Der Anblick war abscheulich. Sie wollte sich erst mal eine
Perücke kaufen, weil unklar war, ob die Haare nachwachsen
würden. Die Perücke trug sie auch am Anfang, doch dann fand
sie die Perücke ziemlich doof. Heute trägt sie ein Tuch um den
Kopf, bis die Haare wieder nachwachsen. Jetzt, nach fast einem
Jahr, geht meine Mama erstmals wieder arbeiten. Das freut mich
sehr, denn endlich ist die schwere Zeit vorbei und der normale
Alltag kann wieder beginnen. Mittlerweile geht es meiner Mama
wieder richtig gut.

In einigen Kliniken ist der Besuch von Kindern nicht auf allen
Stationen erwünscht. Dies gilt besonders für Intensivstationen. In
Deutschland gibt es keine einheitliche Regelung, die den Besuch
von Kindern in Krankenhäusern betrifft. Jede Klinik kann hier ei-
genständig entscheiden. Das Besuchsverbot für Kinder entspringt
oft der Unsicherheit der Ärzte und des Pflegepersonals, wie sich
der Krankenbesuch auf Kinder, aber auch auf die Kranken selbst
auswirken könnte. Oft herrscht auch bei Ärzten und Pflegeperso-
nal die Vorstellung, der Anblick eines Kranken sei für Kinder zu
belastend. Wenn ein Kind gerne zum Besuch mit ins Krankenhaus
kommen möchte, dies in der Klinik aber nicht erlaubt ist, sollten in
einem Gespräch mit dem Arzt die Beweggründe dargelegt und um
Unterstützung gebeten werden. Gibt es gesundheitliche Gründe
für das Besuchsverbot (etwa Infektionsgefahr für den Patienten),
müssen diese natürlich respektiert werden.

Wie offen und schnell Sie Ihrem Kind Ihre Operationsnarbe
und Ihren veränderten Körper zeigen, hängt nicht vom Wunsch
des Kindes ab, sondern ausschließlich von Ihnen selbst. Spüren
Sie, was für Sie jetzt stimmig ist. Vielleicht lassen Sie Ihr Kind

schon beim Besuch im Krankenhaus sehen, was sich jetzt verändert hat, vielleicht brauchen Sie selbst noch Zeit, um Ihren Körper so annehmen zu können, wie er jetzt ist. Sollte das der Fall sein, respektieren Sie Ihr Gefühl und sagen Sie Ihrem Kind offen, dass Sie ihm die Narbe jetzt noch nicht zeigen möchten. Das ist völlig in Ordnung. Sie sind Ihrem Kind ein Vorbild, wenn Sie Ihre eigenen Gefühle wahrnehmen und achten. Je unbefangener Sie mit Ihrem veränderten Körper, vielleicht auch erst zu einem späteren Zeitpunkt, umgehen, desto leichter kann es auch Ihr Kind.

Pädagoginnen und Pädagogen in Kindergarten und Schule sollten über die Erkrankung eines Elternteils informiert werden. Dies wird häufig jedoch unterlassen. Immer wieder bekomme ich auf Nachfrage in Beratungsgesprachen mit Eltern zu hören, dass, besonders bei älteren Kindern, die Lehrer in der Schule über die Erkrankung eines Elternteils bisher nichts wissen. Doch Erzieher oder Lehrerinnen sehen und erleben Kinder jeden Tag viele Stunden und können mit dem Wissen um die belastende Familiensituation verändertes Verhalten eines Kindes besser einordnen und das Kind adäquat unterstützen. Auch sind Lehrer oft bereit, bei nachlassenden Leistungen mal »ein Auge zuzudrücken«, wenn sie über die Erkrankung eines Elternteils eines Schülers informiert sind.

Wenn Eltern im Kindergarten über ihre Familiensituation sprechen, ist es hilfreich zu schildern, wie viel sie ihrem Kind über die Erkrankung erzählt haben. Auch viele Menschen, die in ihrem Beruf mit Kindern arbeiten, sind mit dem Thema »Krebs« oft überfordert und unsicher, wie sie jetzt mit dem betroffenen Kind umgehen sollen. In einem Gespräch mit der Erzieherin (wenn möglich in Ruhe und nicht zwischen Tür und Angel) sollten Eltern klären, was sie sich jetzt im Kindergarten für ihr Kind wünschen – und auch, was sie nicht möchten (etwa: Information aller Eltern).

Es ist auch im Interesse der Eltern selbst, dass Kindergarten oder Schule über die Belastung eines Kindes informiert sind. Erzieher und Lehrer sind oft die Ersten, denen eine Veränderung eines Kindes auffällt und die den Eltern entsprechende Rückmeldungen geben können.

Einige Eltern schrecken davor zurück, andere über die Krebserkrankung zu informieren, vor allem Außenstehende. Im Vordergrund steht das Gefühl, erst einmal selbst mit der Diagnose zurechtkommen zu müssen. Obwohl völlig grundlos, empfinden einige Scham angesichts ihrer Erkrankung. Viele fürchten das Mitleid und manchmal auch die Neugierde ihrer Mitmenschen. Es gibt also viele nachvollziehbare Gründe, über den Krebs so weit wie möglich zu schweigen. Damit wird die Krebserkrankung allerdings schnell zum Tabu. Für Kinder ist diese Tabuisierung nicht nachvollziehbar und schwer auszuhalten. »Dann muss es ja ganz schlimm sein, wenn man nicht mal darüber reden darf«, so die Interpretation eines Kindes.

BEISPIEL Florian, ein achtjähriger Junge, dessen Mutter an Brustkrebs erkrankt war, erzählte beim Fußballtraining von der Erkrankung seiner Mutter. Später berichtete er ihr: »Die Worte sind einfach so rausgekommen.« Der Junge hatte das Bedürfnis, über die Erkrankung seiner Mutter zu sprechen. Er suchte sich hierfür, sicher unbewusst, einen Raum aus, in dem er sich wohlfühlte und vertraute Menschen um sich hatte. ■

Bei älteren Kindern ist die Sorge, sie würden allen von der Erkrankung erzählen, eher unbegründet. Hier erlebe ich fast immer das Gegenteil: Die Kinder verschweigen, dass ein Elternteil krank ist, erzählen es nur wenigen, engen Freunden und manchmal sogar niemandem. Wenn ich bei den Kindern nachfrage, warum sie niemandem von der Krebserkrankung eines Elternteils erzählen, bekomme ich immer dieselben Antworten: Die Kinder wollen weder von Lehrern noch von Mitschülern bemitleidet werden, sie wollen in ihrer Schulklasse und auch im Freundeskreis keine Sonderstellung einnehmen. Außerdem befürchten viele, andere Kinder würden sich über ihre Situation lustig machen. Deshalb sollte die Entscheidung, ob ein Kind seine Freunde informieren möchte, immer ihm selbst überlassen bleiben. Lehrer hingegen sollten meiner Ansicht nach grundsätzlich über die Krebserkrankung eines Familienmitglieds informiert werden, auch gegen den Willen des Kindes. Wichtig ist jedoch, den Lehrer erst dann zu informieren, wenn auch das Kind von der Krebsdiagnose weiß.

Anregung Informieren Sie Kindergarten, Hort oder Schule so bald wie möglich über die veränderte Familiensituation ■

Lehrerinnen und Lehrern würde ich empfehlen, die Krebserkrankung einer Mutter oder eines Vaters von Schülern nicht im Unterricht zu thematisieren. In meiner Praxis erlebe ich immer wieder, dass Kinder und Jugendliche, unabhängig vom Alter, nicht möchten, dass ihre persönliche Familiensituation in der Klasse vor allen Mitschülern angesprochen wird. Es ist ihnen peinlich, sie wollen kein Mitleid von den anderen, auch keine Sonderrolle einnehmen und schon gar nicht wollen sie vor ihren Klassenkameraden in Tränen ausbrechen. Für viele Kinder und Jugendliche stellt die Schule einen »krebsfreien« Raum dar, hier bleiben die Krankheit und alles, was dazugehört, draußen. Alles soll so sein wie immer. Einzig von ihren besten Freunden erwarten Jugendliche, auf die Familiensituation angesprochen zu werden, nur mit ihnen wollen sie über ihre Probleme und ihre Gefühle reden. Die anderen in der Klasse geht das alles nichts an, so ihre Meinung.

BEISPIEL Lotte, eine 14-Jährige, war sehr empört, dass ihr Klassenlehrer es gewagt hatte, in ihrer Abwesenheit der ganzen Klasse zu erzählen, dass ihre Mutter in den Herbstferien verstorben war. Ganz unmöglich fand sie das. Lotte wollte selbst entscheiden, wann und wem sie vom Tod ihrer Mutter erzählte. ■

Lehrer sollten betroffene Schülerinnen und Schüler grundsätzlich fragen, ob sie selbst die Klasse über die Erkrankung oder auch den Tod eines Elternteils informieren möchten oder ob der Lehrer das für sie übernehmen soll. Selbstverständlich sollten Lehrer respektieren, wenn sich ein Kind ganz gegen die Information seiner Mitschüler entscheidet. Wenn offen darüber gesprochen wird, wer wen wann informiert, ist dies der beste Weg für die betroffenen Kinder und Jugendlichen. So können sie selbst mitentscheiden und werden nicht von eigenmächtigen Aktionen der Lehrer überrollt.

Viele Lehrer sind unsicher, was Schüler von ihnen brauchen, wenn ein Elternteil an Krebs erkrankt ist. Leider entscheiden sich viele aus dieser Unsicherheit heraus dafür, gar nichts zu tun oder zu sagen. Das ist schade und für die Kinder nicht unterstützend. Meiner Erfahrung nach erwarten Schülerinnen und Schüler von ihren Lehrern ein bisschen Rücksichtnahme in dieser für sie schwierigen Zeit.

Viele wünschen sich Lehrer, die auch mal nachfragen, wie es ihnen geht, die sie in ihrer persönlichen Situation sehen und ernst nehmen. Ich glaube, es braucht vonseiten der Lehrer nicht viel mehr als ein »Ich habe von deiner Mama gehört, dass sie Krebs hat. Das ist sicher schwer für dich. Wenn ich etwas für dich tun kann oder du mit mir darüber sprechen möchtest, lass es mich wissen.« Diese Botschaft kann man einem Schüler am Ende einer Stunde zukommen lassen, es braucht dafür keinen besonderen Gesprächsrahmen. Ein Lehrer sagte mir einmal: »Für so ein Gespräch haben wir in der Schule keinen geeigneten Raum.« Für ein solches Gespräch braucht es keinen besonderen Raum, nur den Mut, die Familiensituation anzusprechen. Je weniger aufwendig ein solches Gespräch gestaltet wird, desto dankbarer

wird ein Schüler dafür sein. Aber, aufrichtig gesprochen, wird
die Botschaft »Ich sehe dich in deiner Not und du kannst mit
mir reden« ankommen. Grundsätzlich sollten es natürlich auch
Lehrer akzeptieren, wenn ein Schüler ein Gesprächsangebot
nicht annimmt. Ihm trotzdem ein Gespräch aufzuzwingen, und
wenn es noch so gut gemeint ist, ist nicht angemessen.

Die 17-jährige Maria gab mir am Ende ihrer ersten Stunde
in meiner Praxis folgende Rückmeldung: »Du bist die Erste,
die gefragt hat, wie es mir geht! Alle fragen immer nur, wie es
der Mama geht.« Ja, alle fragen in der Regel die Kinder und
Jugendlichen nur, wie es der kranken Mutter oder dem kranken
Vater geht – wie es ihnen selbst geht, das wird häufig vergessen
zu fragen. Wie viel jemand auf diese Frage als Antwort erhält,
hängt vor allem vom Kontakt mit dem Kind ab, wie gut beide Seiten »miteinander können«, wie viel Vertrauen zwischen
ihnen besteht. Kinder und Jugendliche wägen ab, nicht anders
als Erwachsene, wem sie etwas über sich erzählen. Sie spüren
genau, wer die Frage »Wie geht es dir?« ehrlich meint, wer
darauf *wirklich* eine Antwort erhalten will.

In meinem Praxisalltag erlebe ich immer wieder, wie dankbar
Kinder und Jugendliche sind, einem Außenstehenden von ihren
Problemen und Sorgen erzählen zu können. Fast ausnahmslos
alle Kinder schonen ihre kranken und auch gesunden Eltern
mit ihren Sorgen. Die Eltern haben schon genug mit sich selbst
zu tun, so ihr Gefühl. Wie entlastend ist es für die meisten,
wenn sie auf einen Erwachsenen treffen, der ihnen Raum für ein
Gespräch anbietet, der signalisiert: »Ich höre dir zu und halte
es mit dir aus.« Und es geht wirklich »nur« um das Zuhören
und Aushalten, mehr erwarten die Jugendlichen nicht. Keiner
kommt auf die Idee, man müsse seine Sorgen und Ängste jetzt

wegzaubern. Deutlich wird das im Anliegen einer 13-Jährigen an mich: »Ich möchte mit dir über meine Ängste reden«, so ihre Bitte. Kein Wort davon, ich müsse dafür sorgen, dass ihre Ängste verschwinden.

Ist der kranke Elternteil im Krankenhaus oder in ambulanter Therapie (etwa Chemotherapie oder Bestrahlung), verändert sich fast immer das Alltagsleben für die gesamte Familie und die Belastung für den gesunden Elternteil steigt. Erwachsene sind gezwungen, vieles neu zu organisieren; es finden Veränderungen statt, die auch den Alltag der Kinder betreffen. Zusätzlich zum Verkraften der Diagnose kommen auf alle Familienmitglieder neue Aufgaben und Pflichten zu. Die bisher wohlgeordnete und sichere Kinderwelt gerät ins Schwanken und das löst Angst aus. Oft wird unterschätzt, wie wichtig es für Kinder ist, nicht nur über die Erkrankung und die Therapie, sondern auch über den veränderten Tagesablauf informiert zu sein. Unbedingt notwendig ist es, mit einem Kind über die Veränderungen zu reden, die es selbst betreffen, zum Beispiel darüber, wer es in den Kindergarten oder zur Schule bringt und wieder abholt, wer Mittagessen kocht und wer bei den Hausaufgaben hilft.

BEISPIEL Die Krebserkrankung der Mutter von Melanie (12) machte immer wieder Krankenhausaufenthalte notwendig. In dieser Zeit versorgte ihr Vater den Haushalt. Melanie sorgte sich dann immer, ob sie genügend saubere Kleidung zum Anziehen im Schrank hatte. Sie war sich nicht sicher, ob der Vater sich auch um die Wäsche ausreichend kümmerte, ob er auch dieser Aufgabe gewachsen war. Obwohl es noch nie vorgekommen war, dass keine saubere Kleidung mehr im Schrank war, beschäftigte dieses Thema Melanie immer wieder. ■

Oft sind es für Erwachsene Selbstverständlichkeiten, über die sich Kinder Gedanken machen. Deshalb ist es sinnvoll, alle

Veränderungen anzusprechen und Kinder zu fragen, ob sie noch etwas wissen möchten oder um etwas besorgt sind.

Trotz aller Veränderungen, die die Krebserkrankung für die gesamte Familie mit sich bringt, ist es für Kinder wichtig, dass einige Dinge in ihrem Alltag unverändert Bestand haben. Kinder sollten weiterhin ihre Interessen verfolgen können, etwa den Flötenunterricht, das Fußballspielen oder das Spiel mit ihren Freunden. Viel Struktur und Beibehalten von Gewohntem helfen Kindern in einer Zeit der Unsicherheit und Veränderung, mit der Situation etwas besser zurechtzukommen. Nicht alles verändert sich, einiges hat auch Bestand – trotz Krebs.

Anregung Rituale, etwa beim Zubettgehen, sollten, wenn irgendwie möglich, beibehalten werden. Dies gibt Kindern ein Gefühl der Sicherheit und vermittelt Normalität. ■

Auch während der Therapie ist es wichtig, Kinder immer wieder über erfolgte Arzttermine und Untersuchungsergebnisse zu informieren. Ein Achtjähriger, dessen Mutter an Krebs erkrankt war, hatte mitbekommen, dass seine Eltern einen Termin in einer weit entfernten Klinik hatten. Er war besorgt, was die Ärzte dort wohl gesagt hatten, traute sich aber nicht, seine Eltern direkt zu fragen. Den Eltern war gar nicht bewusst, wie intensiv ihr Sohn alle Arztbesuche registrierte und an Informationen interessiert war.

In einigen Familien löst die Krebserkrankung auch finanzielle Probleme aus, besonders wenn der Elternteil erkrankt, der für den Lebensunterhalt sorgt. Oft ist es unvermeidlich, dass auch die Kinder von den finanziellen Engpässen mitbekommen, weil beispielsweise die Reitstunden nicht mehr finanziert werden können. Eltern sollten in dieser Situation ihrem Kind erklären, warum etwas nicht mehr stattfinden kann, aber die Erklärungen

sollten nicht zu sehr ins Detail gehen, das überfordert Kinder
eher. Kinder müssen nicht den Kontostand ihrer Eltern kennen;
die genaue finanzielle Lage der Familie geht Kinder nichts an,
ist ausschließlich Sache der Erwachsenen. Viele Kinder sorgen
sich allerdings ums Geld und damit oft auch um die Zukunft
der Familie. Statt Zuversicht (»Wir schaffen das!«) vermitteln
manche Eltern ihren Kindern permanent ihre eigenen finanziellen
Sorgen. Besprechen Sie diese Sorgen mit anderen Erwachsenen,
Ihre Kinder sollten hierfür kein Adressat sein.

Eltern sind während der Erkrankung und Therapie oft überfordert und dies trifft nicht nur für den kranken, sondern auch für den gesunden Elternteil zu. Neben körperlichen Beschwerden, die die Kranken einschränken, sind viele Arzt- und Therapietermine zu bewältigen. Oft heißt das, dass lange Fahrten und Wartezeiten organisiert und verkraftet werden müssen. Viele fragen sich, wie sie trotz allem in ihrem Alltag Struktur schaffen und Gewohntes beibehalten können. Oft fehlt die Kraft dazu, manchmal auch die Zeit. Der Wunsch, alles möge wie gewohnt seinen Gang gehen, kann meistens nicht erfüllt werden. Trotzdem haben viele Erwachsene die Befürchtung, anderen zur Last zu fallen.

Anregung Ich möchte alle betroffenen Familien ermutigen, Freunde und Verwandte um Hilfe zu bitten, auch wenn es manchmal schwerfällt. Eltern, die gut für sich sorgen und andere um Unterstützung bitten, entlasten auch ihre Kinder. ■

Oft erlebe ich, dass Erwachsene sehr verunsichert sind, wenn in ihrem Umfeld jemand an Krebs erkrankt ist. Wie soll ich mich verhalten? Was darf ich fragen? Was kann ich Tröstliches sagen? Das sind die Fragen, die die meisten beschäftigen. Leider entscheiden sich viele aus der eigenen Unsicherheit heraus, lieber gar nichts zu sagen, und ziehen sich zurück. Zur Unsicherheit kommt oft auch Angst hinzu. Wenn jemand aus unserem familiären oder sozialen Umfeld an Krebs erkrankt, oft aus heiterem Himmel, werden wir unweigerlich damit konfrontiert: Das könnte uns genauso ergehen. Diese Erkenntnis macht Angst. Ein Thema, das wir bisher weit weg von uns schieben konnten, kommt auf einmal bedrohlich nahe an uns heran. Halten wir

Kontakt mit dem Kranken, erleben wir hautnah seine Sorgen und Ängste und auch seine körperlichen Veränderungen und sein Leid. So werden wir berührt, werden dazu gezwungen, uns mit Krankheit und möglicherweise drohendem Tod auseinanderzusetzen. Nicht alle Menschen halten das aus. Für viele ist es der scheinbar leichtere Weg, sich jetzt aus einer Freundschaft oder Bekanntschaft zu verabschieden. Ich glaube, viele tun dies mit einem schlechten Gewissen, aber ihre Angst ist übermächtig. Von dieser schmerzvollen Erfahrung, dass Freunde sich zurückziehen, den Kontakt vermeiden, bleiben leider viele Kranke und ihre Familien nicht verschont.

Doch immer wieder bekomme ich auch von Eltern berichtet, dass plötzlich Menschen hilfreich zur Seite standen, die vor der Erkrankung gar keinen engen Kontakt zur Familie hatten. Die Leiterin einer großen Kindertagesstätte erzählte mir von einer Mutter, die an Krebs erkrankt war. Alle vier Kinder der Familie waren der Kita-Leiterin bekannt, alle waren bei ihr in die Einrichtung gegangen, der Jüngste auch aktuell noch. Ganz beiläufig erzählte sie mir, dass die Hauswirtschafterin der Kindertagesstätte dreimal in der Woche mehr kochen würde, damit der Vater abends Essen für die ganze Familie mit nach Hause nehmen könne, denn die Mutter sei momentan nicht in der Lage, für die Kinder zu kochen. Solche Hilfen klingen ganz undramatisch und haben doch große Wirkung.

Viele Menschen, die den Kontakt mit Krebskranken und ihren Familien meiden, wissen einfach nicht, was sie tun sollen, und wären dankbar, wenn ihnen Erkrankte deutlich sagen würden, was sie sich konkret an Unterstützung wünschen. Nicht alle Freunde getrauen sich, nach eigenem Ermessen Hilfe anzubieten und zu handeln. Von einer Krebserkrankung betroffene und gestresste Menschen sollten den Mut haben, den Menschen, die sie umgeben, deutlich zu sagen, was sie brauchen, am besten ganz konkret: »Mir würde es helfen, wenn du mein Kind vom Kindergarten abholen/mit zum Schwimmen nehmen/meinem Kind die Möglichkeit geben würdest, ein ganz normales, ›krebsfreies‹ Wochenende bei euch zu verbringen.«

Die Kranken sollten auch offen ansprechen, was ihnen jetzt *keine* Hilfe ist. Viele Kranke erleben, dass sie von guten Ratschlägen überschüttet werden; die wenigsten von ihnen empfinden das als hilfreich. Auch wenn sie auf Hilfe angewiesen sind, heißt das nicht, dass sie jetzt alles dankbar annehmen müssen.

Anregung Haben Sie den Mut, deutlich anzusprechen, was Sie nicht möchten und was vielleicht sogar Ihre persönlichen Grenzen verletzt. ∎

BEISPIEL Tim, dessen Mutter an Krebs erkrankt war, erzählte mir bei unserer ersten Begegnung: »Ich bin der Tim und ich bin schon ganz groß, schon fünf Jahre alt, aber meinen Geburtstag haben wir gar nicht gefeiert.« Für den kleinen Kerl war dieses Versäumnis so wichtig, dass er es mir sofort erzählen musste. Für das Kind war es nicht nachvollziehbar, dass seine Geburtstagsfeier aufgrund des verschlechterten Krankheitszustandes seiner Mutter ausgefallen war. Vielleicht hätte eine Freundin der Familie oder die Mutter eines Kindergartenfreundes die Organisation von Tims Geburtstagsfeier übernehmen können, vielleicht hätte es nur einer Bitte bedurft. ∎

Besonders für kleine Kinder ist es wichtig, dass ihre Geburtstage gefeiert werden und an Weihnachten das Christkind kommt. Für Kinder sind das Höhepunkte des Jahres, denen mit viel Vorfreude entgegengefiebert wird. Diese Feste *müssen* stattfinden, auch wenn es Erwachsenen angesichts der Krankheit und manchmal auch schlechter Prognose schwerfällt. Besonders kleineren Kindern ist es nicht zu vermitteln, dass das Christkind nicht kommen wird, »nur« weil Mama oder Papa krank ist. Trotz aller Belastungen und Veränderungen in der Familie Feste zu feiern, das gibt Kindern Halt und Struktur in unsicher gewordenen Zeiten.

Viele Eltern setzen sich selbst unter Druck, auch jetzt in einer
besonders schwierigen Lebenssituation alles richtig und perfekt
machen zu müssen. Das erwartet in der Regel keiner von ihnen – außer ihnen selbst. Durch die Krankheit verschieben sich
viele Wertigkeiten für eine Familie. Vielleicht ist die gründlich
geputzte Wohnung jetzt weniger wichtig als ein gemeinsamer
Ausflug mit den Kindern. Gelingt es Eltern, ein bisschen Gelas-
senheit und Laisser-faire-Mentalität zu zeigen, wirkt sich dies
positiv auf die Kinder aus. Angespannte Eltern sind für Kinder
wenig einladend dafür, sich ihnen mit ihren Sorgen anzuver-
trauen. Können Eltern auch mal entspannen, gelingt dies auch
den Kindern.

Viele Kranke und auch ihre Partner sind während der Erkrankung weniger geduldig als sonst, reagieren schneller gereizt,
auch gegenüber den Kindern. Ein 12-Jähriger, dessen Vater an
Krebs erkrankt war, formulierte es so: »Manchmal habe ich das
Gefühl, mein Vater lässt seine schlechte Laune, weil er Krebs
hat, an mir aus.«

Aus der Anspannung heraus sagen Eltern manchmal Worte,
die sie später bereuen. Die Kinder bekommen mit, dass die
Eltern verärgert reagieren, wissen aber häufig nicht, warum.
Aus Kindersicht war doch alles wie immer. Dass die Nerven der Eltern aufgrund der vielfältigen Belastungen »blank«
liegen, wird von Kindern oft nicht gesehen oder verstanden.
Besonders kleinere Kinder beziehen das veränderte Verhalten
der Eltern oft auf sich selbst, glauben der Auslöser für die
schlechte Laune der Mutter oder des Vaters zu sein. Spüren
Eltern, dass sie übermäßig heftig reagiert haben, sollten sie

dies gegenüber ihren Kindern zugeben. Unabhängig vom Alter tut es allen Kindern gut, wenn sich Eltern bei ihnen für ihr unangebrachtes Verhalten entschuldigen.

Manche Kranke werden für ihre Kinder in ihren Launen wirklich unberechenbar. Für viele Kinder und Jugendliche heißt das, jedes Wort auf die Goldwaage zu legen, bloß nichts Falsches zu sagen, was Mama oder Papa wieder »ausrasten« lässt, bloß nicht Auslöser hierfür zu sein. Die Kinder leben in permanenter Anspannung, alles richtig machen zu müssen. Fatalerweise glauben sie wirklich, für die Stimmung des kranken Elternteils verantwortlich zu sein und dass es von ihrem Verhalten abhängt, ob der Kranke genervt oder gut gelaunt ist. Leider vermitteln viele Eltern ihren Kindern genau dieses Gefühl und machen ihnen ein schlechtes Gewissen. Doch Kinder sind grundsätzlich nicht für die Stimmung ihrer Eltern verantwortlich, auch nicht, wenn diese krank sind.

BEISPIEL Der 16-jährige Marius war völlig verzweifelt, als er in meine Praxis kam. Sein Vater, zu dem er immer ein ausgesprochen gutes Verhältnis gehabt hatte, hatte sich durch die Krebserkrankung verändert. Der vormals so lustige, ausgeglichene Papa war plötzlich extrem launisch geworden, schnell gereizt und aufbrausend. Beim kleinsten Anlass ging er in die Luft, war für kein normales Gespräch mehr zugänglich.

Marius litt unter dem veränderten Verhalten des Vaters, erkannte ihn oftmals nicht wieder und hatte zunehmend das Gefühl, selbst Auslöser für dessen schlechte Laune zu sein. Fortan war er im Umgang mit dem Vater vorsichtig, überlegte sich jedes Wort. Bloß alles richtig machen, bloß nichts Falsches sagen – das wurde seine Devise. Marius übernahm die Verantwortung für die Stimmung seines Vaters.

Als der Vater zusammen mit Marius zu einem Gespräch in meine Praxis kam, wurde deutlich, dass er weit davon entfernt war, seinen geliebten Sohn für seine Stimmungen verantwortlich zu machen. Er gab offen zu, durch die Strapazen der derzeit stattfindenden Chemotherapie extrem unausgeglichen und gereizt zu sein, und formulierte es so: »Manchmal geht bei mir, wie von selbst, eine Art Feuerwerk los, es funkt und blitzt und ist nicht mehr zu stoppen.« Seinem Sohn gegenüber versicherte er sehr deutlich, es sei *sein* »Feuerwerk«, mit dem Marius überhaupt nichts zu tun habe. ■

Manchmal werden durch die angespannte Situation, die eine Krebserkrankung auslöst, auch Konflikte verstärkt, die vorher schon bestanden haben. Eine Mutter erzählte mir während ihrer Chemotherapie, sie streite mit ihrem 13-jährigen Sohn »wie ein altes Ehepaar«. Im Gespräch zeigte sich, dass es auch schon in der Zeit vor ihrer Krebserkrankung viele Reibereien mit ihrem Sohn gegeben hatte, aber sie hatte damals viel gelassener reagieren können. Jetzt, durch die Belastungen der Erkrankung am Ende ihrer Kraft, fehlte die Geduld im Umgang mit ihrem zunehmend pubertierenden Sohn.

Ich halte es für wichtig, dass sich Krebskranke auch für ihr seelisches Befinden Unterstützung holen. Es gibt mittlerweile ein vielfältiges Angebot. Fast alle Kliniken mit onkologischen Abteilungen bieten auch eine psychoonkologische Begleitung durch speziell ausgebildete Ärzte oder Psychologen an. Hier haben Kranke die Möglichkeit, offen über ihre Ängste zu sprechen und Wege zu finden, wieder mehr ins seelische Gleichgewicht zu kommen. Für die Sorgen, Ängste und Stimmungen Krebskranker sind Kinder nicht verantwortlich. Übernehmen sie die Verantwortung hierfür dennoch, sind sie überfordert.

Ihre Seele. Es hilft Ihnen und entlastet die ganze Familie. ■

Einige Kranke fühlen sich ihren Kindern gegenüber schuldig, haben ein schlechtes Gewissen, ihren Kindern durch die Krankheit so viel zumuten zu müssen, ihnen die Unbeschwertheit der Kindheit zu nehmen. Doch auch mit diesen Schuldgefühlen sind Kinder überfordert, und es ist nicht ihre Aufgabe, die Eltern diesbezüglich zu entlasten. In meiner Arbeit mit Kindern krebskranker Eltern habe ich noch nie erlebt, dass ein Kind seiner Mutter oder seinem Vater den Vorwurf macht, krank zu sein, und damit Schuld gibt an vielen Belastungen im Alltag.

Viele Kinder sind wütend auf das Schicksal: »Warum ausgerechnet unsere Familie?« Diese Frage wird oft gestellt, eine Frage, auf die die Kinder allerdings keine Antwort erwarten. Ein Mädchen, deren Mutter unheilbar an Krebs erkrankt war, erzählte mir immer wieder, wie neidisch es auf andere Familien sei, »denen es viel besser geht als uns«. Ein Gefühl, dem Schicksal ohnmächtig ausgeliefert zu sein, breitet sich oft aus, bei den Kranken und auch bei allen anderen Familienmitgliedern.

Sowohl kranken wie auch gesunden Eltern fehlt oft in der Phase der akuten Erkrankung und Therapie die Energie, ihren Kindern Grenzen zu setzen. Manche haben das Gefühl, ihnen sei die komplette Erziehung entglitten. Doch auch in der Ausnahmesituation, in der sich eine Familie befindet, in der ein Familienmitglied erkrankt ist, sollten weiterhin Regeln ihre Gültigkeit bewahren.

Häufig zeigen besonders Großeltern jetzt eine große Nachgiebigkeit, gewähren den »armen Enkelkindern, die es sowieso schon so schwer haben und die so viel mitmachen müssen« geradezu Narrenfreiheit. Haben Kinder das Gefühl, tun und lassen zu können, was sie wollen, ecken sie irgendwann in Kindergarten, Schule oder Verein an und bekommen Schwierigkeiten mit Erwachsenen, die Grenzen aufzeigen. Außerdem ist es für Eltern eine zusätzliche Belastung, wenn ihre Kinder gar nicht mehr »hören« und alle bestehenden Regeln außer Kraft setzen. Versuchen Sie in einem ruhigen Gespräch, Großeltern davon zu überzeugen, dass sie allen eine noch größere Unterstützung sind, wenn sie den Enkelkindern Grenzen setzen. Erleben Kinder über eine lange Zeit, dass sie machen können, was sie wollen, so ist es schwer, ihnen diese Freiheiten irgendwann wieder zu nehmen.

Anregung Auch wenn es Sie viel Kraft kostet: Versuchen Sie auch während der Erkrankung, ein paar Regeln für Ihre Kinder bestehen zu lassen. Sie werden sowieso einiges weniger streng sehen als sonst, viele Ausnahmen machen, aber ein paar Regeln und Grenzen sind hilfreich und entlastend für das Zusammenleben aller. ∎

Beeindruckt hat mich die unter vielen Tränen vorgebrachte Schilderung einer 16-Jährigen. Ihre Mutter war an Krebs erkrankt und konnte sich nicht mehr um die Erziehung der Tochter kümmern. Auch der Vater setzte dem jungen Mädchen so gut wie keine Grenzen mehr und ließ ihr viele Freiheiten. Zum Beispiel konnte sie selbst entscheiden, wann sie abends nach Hause kommen wollte. Die 16-Jährige konnte die ihr zugestandenen Freiheiten jedoch gar nicht wertschätzen, sondern interpretierte diese als fehlende Sorge des Vaters um sie und war darüber ganz verzweifelt. Dass die kranke Mutter sich nicht mehr richtig um sie kümmern konnte, dafür hatte sie Verständnis, aber dass sie dem Vater scheinbar egal geworden war, das konnte sie nicht verstehen.

Oft höre ich die Vorstellung, bei einer Krebserkrankung innerhalb der Familie müssten alle Familienmitglieder zwangsläufig enger zusammenrücken, alle seien in Harmonie vereint, würden sich gegenseitig stärken und unterstützen. Zugegeben, das ist ein schönes Bild, in der Realität jedoch ist es nur manchmal anzutreffen. Konflikte, die auch schon vor der Erkrankung innerhalb einer Familie bestanden haben, lösen sich jetzt nicht auf, sondern verstärken sich oft sogar noch.

Die Schilderung von Paul zeigt, wie sich der Stress seiner Eltern auch auf ihn auswirkte:

PAUL (15) Vor ungefähr zwei Jahren wurde bei einer Untersuchung festgestellt, dass meine Mutter Brustkrebs hat. Am gleichen Abend erfuhr ich es und musste stundenlang weinen. Meine Mutter versuchte, mich zu trösten, aber sie selbst war ganz verwirrt. Ich fragte mich, warum so etwas ausgerechnet mir passieren musste.

Plötzlich war nichts mehr wie vorher. Das ganze Familienleben veränderte sich. Es gab sehr viel Streit zwischen meinen Eltern und auch zwischen mir und meinen Eltern. Ich hatte zu der Zeit viel Angst, dass meine Mutter sterben müsse. Die Angst wurde noch dadurch bestärkt, dass ich nicht erfuhr, wann und welche Untersuchungen und Therapien gemacht wurden.

Gleich am Anfang ging meine Mutter zur Kur. Sie rief mich jeden Tag an und bastelte mir eine Art Adventskalender. Jeden Tag gab es einen Brief und ein kleines Geschenk, was mich immer aufgeheitert hat.

Doch das Familienleben verschlechterte sich stark, es gab viel mehr Streit. Mein Vater konnte die Krankheit nicht begreifen und versuchte sich mit einer Art Alltagshaltung zu schützen. Er tat so, als ob nichts wäre. Das war schlimm für die ganze

Familie. Mich hat diese Haltung irritiert und verunsichert, da ich nicht wusste, was ich nun tun sollte. Mein Vater hätte mehr Rücksicht nehmen müssen.

Meine Mutter sagte dauernd: »Das könnt ihr doch alles tun, wenn ich tot bin.« Ich bekam es dadurch sehr mit der Angst zu tun. Ich konnte in diesen Momenten kaum noch etwas anderes denken. Auch war meine Mutter ansonsten ganz anders. Sie regte sich plötzlich wegen jeder Kleinigkeit total auf. Dadurch wurde der Stress noch vergrößert. Stress war immer da. Meine Mutter hatte während ihrer Krankheit Probleme mit ihrem Arbeitgeber. Dieser Stress wirkte sich auch auf mich aus. So hetzte meine Mutter sich und den Rest der Familie.

Heute ist es schon viel besser. Zwar haben meine Mutter und ich immer noch Angst, dass der Krebs wiederkommt, doch meine Mutter hat sich schon etwas beruhigt. Aber Stress haben wir alle immer noch.

Eine Krebserkrankung ist oft auch für die Partnerschaft eine große Belastung. Viele Ehen geraten in eine Krise, die Ehepartner entfernen sich immer weiter voneinander. Beziehungen, in denen es vor der Erkrankung schon massive Probleme gab, stehen jetzt häufig vor dem endgültigen Aus. Es ist für Eltern wichtig, darauf zu achten, dass keine Streitigkeiten vor den Kindern ausgetragen werden. Eheprobleme sind ausschließlich eine Angelegenheit der Eltern und gehen Kinder im Detail nichts an. Fatal ist es, wenn Eheprobleme statt mit dem Partner mit dem Kind besprochen werden. Hier kommen Kinder in eine Rolle, die ihnen nicht zusteht und die sie nur belastet. Das Kind wird ins Spannungsfeld der Eltern hineingezogen und gezwungen, Partei zu ergreifen, obwohl in der Regel die Loyalität ja beiden Elternteilen gilt.

Unabhängig davon, wie sehr Sie sich möglicherweise von Ihrem Partner im Stich gelassen fühlen, wie verletzt Sie sind, was Ihr Partner Ihnen angetan hat: Sprechen Sie vor Ihrem Kind mit Wertschätzung von dem anderen Elternteil, auch wenn es Ihnen schwerfällt. Er oder sie ist trotz allem Vater oder Mutter Ihres Kindes, und Kinder müssen beide Eltern achten und lieben können.

Kranke Eltern sind oft erschöpft und wenig belastbar, gemeinsame Unternehmungen mit den Kindern sind häufig nicht mehr möglich. Der Urlaub fällt aus, Freunde der Kinder dürfen nicht nach Hause kommen, weil sie zu laut sind: Der Krebs scheint alles und alle zu beherrschen. Gerade in dieser Zeit geraten die Kinder oft aus dem Blick. Alles dreht sich, verständlicherweise, um den Kranken. Eine Frau, die vor mittlerweile zehn Jahren an Krebs erkrankt war, erzählte mir rückblickend: »Ich war damals mit dem Überleben beschäftigt. Für meine Kinder und ihre Nöte hatte ich keinen Blick und auch keine Kraft mehr.«

Gerade dann, wenn sich in der Familie alles nur noch um den Krebs dreht, ist es für Kinder wichtig, auch eine »krebsfreie Zone« zu haben, das heißt zeitweise eine unbeschwerte Umgebung genießen zu können, vielleicht bei einer befreundeten Familie. Hier kann sich das Kind eine Auszeit von den Belastungen zu Hause nehmen, Spaß haben und wieder Kraft tanken.

Lukas beschreibt, wie wichtig für ihn die unbeschwerten Zeiten mit seinen Freunden sind:

LUKAS (12) Seit zwei Jahren hat mein Vater Kehlkopfkrebs und meine Mutter seit Anfang der Sommerferien 2010 Brustkrebs. Ich habe in letzter Zeit sehr viel Angst um meine Eltern. Bevor meine Mutter Krebs hatte, habe ich nicht so viel Angst gehabt, weil meine Mutter und mein Vater getrennt sind und ich bei meiner Mutter lebe. Aber jetzt sind beide krank und das ist schon sehr schwierig für mich.

Die meiste Zeit bin ich fröhlich, aber manchmal kommen solche Traurigkeitsanfälle; sie werden meistens dadurch ausgelöst, dass ich über etwas sehr traurig bin (wenn ich zum Beispiel von anderen Kindern ausgegrenzt werde). Dann kommt die ganze andere aufgestaute Trauer über den Krebs mit. Ich versuche dann, die Traurigkeit wieder wegzubekommen, indem ich meine Mutter in den Arm nehme. Meine Traurigkeit zeigt sich, indem ich weine oder Löcher in die Luft starre.

Aber ich will und lasse mir mein Leben vom Krebs nicht kaputt machen, ich möchte so leben, als wäre eigentlich nichts geschehen. Manchmal vergesse ich auch, dass meine Eltern Krebs haben, zum Beispiel wenn ich mich mit Freunden treffe. Dann bin ich mit anderen Dingen beschäftigt.

Wenn ich das alles mit dem Krebs vergesse, geht es mir sehr gut, denn dann kann ich die ganze Last auf meinen Schultern einfach wegpusten.

Eine 13-Jährige, deren Mutter seit Jahren erkrankt war, sagte einmal: »Wenn ich Spaß mit meinen Freundinnen habe, komme ich gut gelaunt nach Hause und kann dann die Situation dort viel besser ertragen.« Doch manchmal bekäme sie auch von der Mutter den Vorwurf zu hören: »Dann zieh doch gleich zu deinen Freundinnen.«

Kinder benötigen die Zusicherung ihrer Eltern, dass es in Ordnung ist, wenn sie Zeit mit Freunden und Hobbys verbringen und daran Freude haben. Viele Kinder haben das Gefühl, angesichts der schweren Erkrankung der Mutter oder des Vaters keinen Spaß mehr haben zu dürfen, und verzichten oft bewusst auf Dinge, die sie eigentlich gerne machen und die ihnen Freude bereiten. Sie gehen dann beispielsweise einen Handel mit dem lieben Gott ein: »Wenn ich auf das Fußballspielen verzichte, dann wird mein Papa wieder gesund.« Hier brauchen Kinder die Bestätigung der Erwachsenen, dass es keinen Einfluss auf den Verlauf der Krankheit hat, ob sie mit Freunden Spaß haben oder nicht.

Für Eltern ist es eigentlich selbstverständlich, dass ihre Kinder Freude haben dürfen, aber Kindern tut es gut, wenn diese »Erlaubnis« auch wirklich ausgesprochen wird: »Ich freue mich, wenn du Spaß hast, geh ruhig zum Kinderfest, das ist okay, auch wenn ich krank bin und zu Hause bleiben muss.«

Sehr entlastend ist es natürlich für Kinder, wenn sie, trotz der Krebserkrankung, auch mal wieder zusammen mit ihren Eltern Spaß haben können. Viele Kranke richten ihre Aufmerksamkeit ausschließlich auf die Dinge, die während der Erkrankung oft nicht mehr möglich sind, etwa gemeinsame Fahrradtouren mit der ganzen Familie oder Ausflüge ins Schwimmbad. Es muss aber nicht immer ein großer Ausflug sein. Ein gemeinsamer Spieleabend mit der ganzen Familie kann durchaus viel Spaß bereiten. Für Kinder ist die Hauptsache, dass die Familie Zeit miteinander verbringt, etwas gemeinsam macht und auch der kranke Elternteil daran teilnimmt. Erleben Kinder, dass auch ihre Eltern mal wieder lachen, wirkt das auf sie befreiend. Die Botschaft: »Trotz allem: Wir dürfen auch Spaß haben und lachen!«, kommt an.

Anregung Planen Sie regelmäßig auch Zeiten ein, die die Familie zusammen verbringt. Gestalten Sie diese Zeiten so unbeschwert wie möglich, unternehmen Sie etwas, was allen Freude bereitet. ■

Viele Kranke haben die Vorstellung, ihre Kinder müssten doch spüren, wie es ihnen geht, dass sie müde sind und Schmerzen haben. Sie erwarten Rücksichtnahme und sind enttäuscht, wenn diese nicht kommt. Doch selten funktioniert es, dass andere, Erwachsene wie Kinder, wirklich erspüren, wie es dem Kranken geht. Besonders die Erschöpfung und das Unwohlsein während einer Chemotherapie kann wohl nur derjenige nachvollziehen und verstehen, der selbst Gleiches erlebt hat.

Der achtjährige Viktor, dessen Mutter an Krebs erkrankte und jetzt nach erfolgter Operation und Chemotherapie noch Bestrahlungen bekam, war zutiefst verletzt. Das Kind hatte mit seiner Mutter, die erschöpft auf dem Sofa lag, kuscheln wollen. Ganz vorsichtig war er gewesen, so seine Aussage, aber die Mama habe ihn nur »angemeckert«, warum er immer so wild sei und ihr wehtun würde. Frust auf allen Seiten. Die Mutter in dem Gefühl gefangen, ihr Kind merke gar nicht, wie schlecht es ihr geht – der Sohn in dem Empfinden, in seinem rücksichtsvollen, vorsichtigen Verhalten nicht gesehen zu werden.

Manche Kinder nehmen aber auch besonders viel Rücksicht auf die Eltern. Ein Zwölfjähriger versuchte jedes Mal, wenn die Eltern nach der Chemotherapie der Mutter nach Hause kamen, die Stimmung und Befindlichkeit der beiden zu erspüren. Fragen zu stellen, getraute er sich nicht. Der Junge stellte alle eigenen Bedürfnisse zurück und war nur noch darauf ausgerichtet, die Eltern nicht zusätzlich zu belasten.

Anregung Formulieren Sie deutlich, wie es Ihnen geht und was Ihr Kind jetzt für Sie tun kann, ob es Ihnen helfen kann. Klare Aussagen entlasten Ihr Kind. ■

Viele Kinder sind dankbar und froh, wenn sie etwas für den kranken Elternteil tun können. Gerade dann, wenn Eltern durch Therapien sehr erschöpft sind, erleben Kinder oft große Hilflosigkeit. Können sie in irgendeiner Form aktiv werden, fühlen sie sich in das Geschehen einbezogen und haben das Gefühl, durch ihr Mitwirken der Situation nicht ganz ohnmächtig ausgeliefert zu sein. Kinder können beispielsweise der Mama oder dem Papa einen Tee kochen, einen Waschlappen auf die Stirn legen, noch eine Decke holen oder Ähnliches. Wichtig ist, dass Kinder in ihrer Fürsorge keine zu große Verantwortung übernehmen (oder aufgebürdet bekommen). Manche Kinder sind überfürsorglich und weichen dem kranken Elternteil nicht mehr von der Seite.

Besonders wenn Kinder mit einem Kranken allein zu Hause sind, haben sie oft Angst, die Wohnung oder das Haus zu verlassen. Sie fühlen sich verantwortlich und wollen auf keinen Fall riskieren, Mutter oder Vater könnte es schlecht gehen und keiner wäre da, um zu helfen. In diesem Fall braucht ein Kind dringend die Bestätigung, dass jetzt ein Erwachsener dem Kranken zur Seite steht, und die Ermutigung und Erlaubnis, sich auch wieder eigenen Interessen zuwenden zu können. Kinder dürfen auf keinen Fall vermittelt bekommen, sie seien durch ihre Mithilfe oder durch ihr Benehmen verantwortlich für das Wohlergehen der kranken Mutter oder des kranken Vaters.

Grundsätzlich sollten Kinder auf gar keinen Fall für die Betreuung oder Pflege eines Elternteils verantwortlich sein. Leider wird bei Jugendlichen gerade dies manchmal als selbstverständlich erwartet. Sie werden viel zu früh in verantwortungsvolle und unangemessene Rollen gedrängt, die sie oft bis zur physischen Erschöpfung ausfüllen. Einige Eltern sind so mit sich selbst beschäftigt, dass sie die Überforderung der Kinder übersehen und in ihrem Ausmaß nicht wahrnehmen. Auch fehlt häufig die Anerkennung für die geleistete Unterstützung der Jugendlichen. Die Betreuung und Pflege eines Kranken müssen in erster Linie Erwachsene übernehmen, Jugendliche sind damit überfordert.

Als Viktorias (16) alleinerziehende Mutter an Krebs erkrankte, bekam das Mädchen viel Druck von ihrem Großvater, sich um die Mutter, die jüngere Schwester und den kompletten Haushalt zu kümmern. Das war für Viktoria neben der Schule nicht zu leisten. Statt dem Mädchen, das zutiefst über die Krebserkrankung der Mutter erschüttert war und sich viele Sorgen um die Zukunft der Familie machte, Unterstützung zu gewähren, bekam sie Druck und ihr wurde ein schlechtes Gewissen vermittelt, sich nicht genug um die Familie zu kümmern.

Die ebenfalls 16-jährige Charlotte bekam nach dem Tod der Mutter von ihrer Großmutter zu hören, sie sei ihrer Mutter während deren Erkrankung eine schlechte Tochter gewesen, habe diese viel zu wenig unterstützt. So etwas darf man einem Kind nicht sagen, auch nicht im eigenen Schmerz.

Alle Kinder, die durch die Krebserkrankung eines Elternteils betroffen sind, übernehmen zu Hause mehr Pflichten. Das ist nachvollziehbar und sicher nicht schädlich, solange ein gewisses Maß gewahrt bleibt und Kinder nicht überfordert werden. Kindern sollten nur Aufgaben und Pflichten zugemutet werden, die ihrem Alter angemessen sind. Außerdem hilft es, wenn ihnen die zeitliche Dauer für ihre zusätzlichen Aufgaben aufgezeigt wird, es also deutlich wird, dass es nur eine vorübergehende Übernahme von Pflichten ist. Die Perspektive, dass irgendwann die Eltern wieder für alles zuständig sind, entlastet. Auch brauchen

Kinder Anerkennung für ihre Hilfe. Wird Kindern das Gefühl vermittelt, ihre Hilfe sei allzu selbstverständlich, motiviert das deutlich weniger als ein Dankeschön für ihre Leistung.

Auch wenn ein Kind Pflichten im Haushalt übernimmt, werden Eltern vermutlich Abstriche an ihren Erwartungen machen müssen. Ich bin immer wieder erstaunt darüber, dass Mütter tatsächlich erwarten, pubertierende Söhne und Töchter müssten von selbst erkennen, was im Haushalt zu erledigen ist, und dies dann auch ohne große Aufforderung tun. Ganz viel Streit gibt es in Familien um nicht ausgeräumte Spülmaschinen, nicht abgeräumte Esstische, herumliegende Kleidung – ich bekomme immer wieder davon erzählt. Dass sich Jugendliche besonders für den Haushalt interessieren, erleben aber in der Regel auch gesunde Eltern nicht.

Anregung Stellen Sie sich einmal diese Frage: Hat es Sie als 16-jähriges Kind interessiert, was im Haushalt zu machen war? Hatten Sie einen Blick dafür? Vermutlich nicht – und daran hat sich auch bei der heutigen Jugend nichts geändert. ▪

Viele Jugendliche beklagen sich, dass sie im Haushalt durchaus mithelfen würden, es ihrer Mutter aber sowieso nie recht machen könnten. Statt Anerkennung für ihre Hilfe zu bekommen, würden sie immer nur kritisiert. Mit dieser Erfahrung erlahmt natürlich jegliches Interesse, von selbst etwas im Haushalt zu erledigen.

Aber es gibt natürlich auch andere Beispiele. Manuel, ein 15-Jähriger, übernahm während der Krebserkrankung seines Vaters zu Hause viele Pflichten, um die Mutter, die neben ihrem Job noch viel Zeit im Krankenhaus bei dem an Leukämie erkrankten Mann verbrachte, zu entlasten. Ihm war durchaus klar, wie viele Pflichten und auch Verantwortung gegenüber der jüngeren Schwester er übernommen hatte, mehr, als ihm guttat, aber er sah für sich keine Möglichkeit, dies wieder zu reduzieren. Daheim weniger zu tun, hätte für ihn bedeutet, die Mutter im Stich zu lassen – und das wollte er auf gar keinen Fall. Deutlich formulierte er den einzigen für ihn gangbaren Weg: »Die Verantwortung und ein Teil meiner Aufgaben müssten mir abgenommen werden.« Leider konnte er diesen Wunsch nur mir gegenüber äußern, seiner Mutter konnte er das nicht sagen.

Kinder reagieren auf die Krebserkrankung und die veränderte Familiensituation unterschiedlich, abhängig von ihrem Alter, ihrem Entwicklungsstand, ihrer eigenen Persönlichkeit und dem familiären und sozialen Umfeld. Eine große Rolle spielt, wie die Beziehung zu dem kranken Elternteil schon vor der Erkrankung war.

Häufig wird in allen jetzt auftretenden Problemen der Familie die Ursache in der Krebserkrankung gesehen, dies ist jedoch oft ein Irrtum. Viele Probleme und Unstimmigkeiten, die in einer Familie während der Erkrankung auftauchen, bestanden auch schon vorher, nur verstärken sich einige und werden dann anders wahrgenommen. Außerdem fehlt oft die Geduld; in einer grundsätzlich angespannten Stimmung erscheint manches Problem auch größer, als es ist.

Das veränderte Verhalten eines Kindes muss ernst genommen werden, aber nicht alle Verhaltensänderungen sind eine Reaktion auf die Krebserkrankung. Viele Veränderungen sind ganz normale Entwicklungsschritte und es entlastet alle, wenn sie auch als solche wahrgenommen werden.

Wie schon erwähnt, reagieren Säuglinge und Kleinkinder vor allem auf die Stimmung ihres Umfelds. Sie haben noch kein wirkliches Krankheitsverständnis, können es nicht einordnen, wenn ein Elternteil an Krebs erkrankt ist, aber sie nehmen wahr, wenn ihre Eltern gereizt oder traurig sind. Mögliche Reaktionen auf die veränderte Gefühlslage der Eltern sind Unruhe, Schlaf- und Essprobleme und häufiges Weinen. Hilfreich sind viel Nähe zu den Eltern, Körperkontakt und eine ruhige Atmosphäre, in der sich das Kind geborgen fühlt.

Außerdem reagieren Kleinkinder natürlich auf die Trennung von einem Elternteil. Feste Bezugspersonen, zum Beispiel die Großeltern, vermitteln dem Kind Sicherheit. Darüber hinaus ist es für Kleinkinder hilfreich, auch bei Trennung Kontakt zum abwesenden Elternteil zu halten, etwa durch Telefonate (oft reicht es, die Stimme von Mama oder Papa zu hören) oder Besuche in der Klinik.

Kinder im Kindergartenalter haben bereits ein Verständnis von Krankheit, nehmen also wahr, wenn ein Elternteil krank ist. Am meisten macht ihnen eine Trennung von Mama oder Papa Angst, die ja durch Krankenhausaufenthalte oft eintritt. Muss ein Elternteil ins Krankenhaus, so sollten Kinder, auch schon im Kindergartenalter, vorher darüber informiert werden. Es ist für ein kleines Kind beängstigend, aus dem Kindergarten nach Hause zu kommen und festzustellen, dass die Mama nicht mehr da ist und sogar bis zum Zubettgehen noch nicht gekommen ist. Dieses überraschende Wegbleiben löst viel größere Ängste aus als die Information im Voraus, dass die Mama einige Tage nicht zu Hause sein wird, weil sie im Krankenhaus von den Ärzten untersucht wird.

Machen Kinder die Erfahrung, durch einen Krankenhausaufenthalt einige Tage (manchmal leider auch länger) von Mama oder Papa getrennt zu sein, so reagieren sie, wenn der kranke Elternteil wieder zu Hause ist, oft mit erhöhter Anhänglichkeit, weichen dem Erkrankten nicht mehr von der Seite und sind auch nachts nicht zu bewegen, im eigenen Bett zu schlafen. Die Nähe zu den Eltern wird nach der Trennung verstärkt gesucht.

Anregung Geben Sie Ihrem Kind viel Zuwendung. Kuscheln ist jetzt richtig – weisen Sie Ihr Kind auf keinen Fall ohne eine Erklärung zurück. ∎

Einige Kinder zeigen als Reaktion auf die Krankheit und die veränderte Situation zu Hause auch Rückschritte in ihrer Entwicklung; die Sprache wird wieder einfacher oder sie nässen wieder ein. Hier ist ausschließlich Verständnis statt Kritik angebracht. Die Kinder können nichts für das Einnässen, sonst würden sie es ganz sicher nicht tun. Verständnis hilft (»Ja, es ist auch schwer für dich!«) und möglichst wenig Aufhebens um die nasse Hose. Mit diesen regressiven Symptomen zeigt ein Kind deutlich, wie beunruhigt es ist, und vermittelt unbewusst den Wunsch nach Zuwendung und dass alles wieder so werden möge wie früher.

Das Phänomen des Einnässens trifft nicht nur auf kleine Kinder zu, auch ältere sind davon betroffen – und finden es natürlich noch viel peinlicher als die Kleinen. Einmal erzählte mir eine kranke Mutter, ihre elfjährige Tochter würde wieder einnässen. Diese Rückschritte in der Entwicklung sind meistens nur vorübergehend und legen sich, sobald etwas Ruhe und wieder Struktur in den Alltag des Kindes einkehren. Sind die Rückschritte in der Entwicklung jedoch länger anhaltend, sollte ein Kinderarzt oder eine Beratungsstelle aufgesucht werden, um dort Hilfe für das Kind zu finden.

Häufig kommt es vor, dass Kinder aufmerksam ihren eigenen Körper beobachten und Angst entwickeln, auch krank zu sein. »Wenn die Mama ein Aua im Bauch hat, dann habe ich das vielleicht auch. Wenn der Mama die Haare ausfallen, fallen meine sicher auch noch aus.« Hier ist es wichtig, dem Kind immer wieder zu vermitteln, dass dies alles nicht zutrifft.

Eine Frau, deren Mann an Krebs erkrankt war, schrieb mir: »Unsere Tochter (acht Jahre) denkt zurzeit viel über den Tod nach und träumt auch davon. Sie beschäftigt sich sehr mit Krebs und anderen Krankheiten, fragt immer wieder: ›Woran merke ich, dass ich auch Krebs habe, und wie kann ich mich davor schützen?‹« Diese Gedanken sind typisch für viele Kinder.

Unabhängig vom Alter entwickeln viele Kinder und Jugendliche reale körperliche Beschwerden als Reaktion auf die Krebserkrankung. Diese körperlichen Beschwerden sind in der Regel ohne organischen Befund, jedoch sollte zunächst ein Arzt konsultiert werden. Meistens sind die plötzlich auftretenden Kopf- oder Magenschmerzen oder sonstiges Unwohlsein ein Zeichen seelischer Verunsicherung und innerer Anspannung und müssen auch als solche wahrgenommen werden. Statt Arzneien helfen hier vor allem Aufmerksamkeit für das Kind, Zuwendung, ein Gesprächsangebot und körperliche Nähe.

Viele Kinder leiden während der Erkrankung eines Elternteils vermehrt unter Albträumen. Einige Träume erleben Kinder als Furcht einflößend, ohne sich an den Inhalt erinnern zu können, andere Träume handeln konkret vom kranken Elternteil, vom Krebs und oft auch vom Sterben. Eine junge Frau erzählte mir, dass sie noch zwei Jahre nach dem Tod ihrer Mutter mehrmals wöchentlich unter Albträumen litt. In ihren Träumen wurde sie immer wieder mit ihrer Hilflosigkeit konfrontiert, die Mutter nicht retten zu können.

Auch Essstörungen sind manchmal eine Reaktion von Kindern und Jugendlichen auf die belastende Situation daheim. In meiner Praxis erlebe ich häufiger Kinder, die in ihrem Kummer extrem viel essen, damit zunehmen und teils stark übergewichtig sind, als Kinder, die durch die Belastung abnehmen. Eine 16-Jährige hatte in dem Jahr, als ihre Mutter akut erkrankt war und therapiert wurde, 15 Kilo zugenommen. Essen war für sie zum größten Tröster in ihrer Angst und Verzweiflung geworden.

Manche Kinder werden während der Erkrankung eines Elternteils still und ziehen sich immer mehr in sich zurück.

BEISPIEL Der fünfjährige Jakob war bisher ein aufgewecktes, selbstbewusstes Kind. Während der Chemotherapie seines Vaters veränderte sich der Junge, wurde still und reagierte zunehmend mit wenig Selbstbewusstsein. Ganz oft bekamen die Eltern und auch die Erzieherinnen im Kindergarten jetzt von ihm zu hören:»Ich weiß nicht« und »Ich kann das nicht«. Sicherlich ganz unbewusst hatte sich Jakob in seinem Verhalten seinem kranken und von der Chemotherapie erschöpften Vater angepasst. Das Kind war seinem Papa gegenüber loyal; wenn der Papa alles nicht mehr kann, dann kann ich das auch nicht. Je mehr sich Jakobs Vater nach der Chemotherapie wieder erholte, je mehr er wieder in seinem Alltag ankam, desto selbstsicherer und fröhlicher wurde auch das Kind wieder. ▪

Umgang mit Wut und Schuldgefühlen

Einige Kinder fordern durch auffallend lautes und manchmal auch aggressives Verhalten verstärkte Aufmerksamkeit. Aggressives Verhalten ist für Eltern, die bereits durch die Krankheit sehr angespannt sind, oft schwer zu tolerieren. Statt Verständnis bekommen viele Kinder dann zu hören:»Wie kannst du dich nur so aufführen? Der Mama geht es doch so schlecht. Siehst du das nicht?« Der Hilferuf des Kindes bleibt ungehört.

Wichtig ist es, Kindern zu vermitteln, dass alle jetzt aufkommenden Gefühle normal sind und sein dürfen, auch die Wut. Hinter einem aggressiven Verhalten steckt meistens eine große Not des Kindes. Statt Kritik und Verboten braucht ein aggressives Kind Menschen, die seine Not wahrnehmen und mit ihm gemeinsam eine Ausdrucksmöglichkeit für seine Wut suchen. Hilfreich sind oft körperliche Betätigung und Bewegung. Viele Kinder und auch Erwachsene finden im Sport eine Möglichkeit, ihre Wut abzubauen. Immer mal wieder bekomme ich in meiner Praxis erzählt, dass jetzt zu Hause ein Sandsack aufgehängt wurde, auf den nicht nur die Kinder einschlagen. Ein Junge erzählte mir, dass er zusammen mit seinem Opa in dessen kleiner Werkstatt Nägel in ein Brett schlug. Für das Kind war dies eine gute Möglichkeit, seine Wut auf die Krebserkrankung des Vaters abzureagieren.

Anregung Suchen Sie gemeinsam mit Ihrem Kind einen Weg, um der aufgestauten Wut ein Ventil zu bieten. Kinder haben, wenn sie dazu ermutigt werden, oft selbst die besten Ideen, was ihnen helfen könnte, ihre Aggression abzubauen. ■

Trotz allem Verständnis für die Situation und Gefühlslage eines Kindes ist es wichtig, bei Aggressionen auch Grenzen zu setzen. Ein Abreagieren der Wut an anderen Kindern, an Tieren oder auch das Zerstören von Gegenständen sollte auf keinen Fall toleriert werden.

BEISPIEL Martins Vater war sehr überrascht und entsetzt, als er zufällig Zeuge wurde, wie sein achtjähriger Sohn die Enten auf dem Rhein mit Steinen bewarf. Das war ein ganz untypisches Verhalten für den normalerweise sehr friedlichen Jungen, dessen Mutter an Krebs erkrankt war. In einem Gespräch »unter Männern« sprachen Vater und Sohn über ihre Wut auf den Krebs. Auch für den Vater war dies eine neue Erfahrung; bisher hatte er seine Wut unterdrückt, sie sich selbst und schon gar nicht seinem Sohn gegenüber eingestanden.

Nach dem Gespräch warfen Vater und Kind gemeinsam Steine in den Fluss (nicht auf die Enten) und stellten sich vor, sie würden auf den Krebs werfen. Am nächsten Tag erreichte mich folgende Mail: »Der Rhein ist erheblich gestiegen und ein Schiff fast gekentert, denn Martin und ich haben je zehn extra gekaufte Pflastersteine in den Rhein geballert, das war *richtig* gut. Außerdem haben wir noch einen Ball fast platt geschossen und auch das hat *echt* gutgetan.« Das Reden und vor allem der körperliche Ausdruck ihrer Wut waren für Vater und Sohn erleichternd. ■

Kinder zeigen ihre Aggressionen oft viel deutlicher als ihre Eltern. Erwachsene gestehen sich ihre Wut oft nicht ein, haben das Gefühl, in dieser Situation doch nicht wütend sein zu dürfen. Ganz negativ ist die Wut besetzt, eine Bewertung, die Kindern in der Regel fremd ist. Eine kranke Mutter, die seit ihrer Erkrankung im Rollstuhl saß und dieses Los scheinbar klaglos hinnahm, erklärte mir, sie habe gar keine Kraft, um wütend zu sein. Das Meistern des Alltags würde ihre gesamte Energie in Anspruch nehmen.

BEISPIEL Eine 13-Jährige, deren Mutter seit einem halben Jahr an Krebs erkrankt war, gab im Gespräch mit mir zu, sich zu Hause »unmöglich aufzuführen«. Die kranke Mutter verschonte sie, aber dem Vater gegenüber war sie aggressiv, er konnte ihr nichts mehr recht machen. Das Mädchen war sich sehr wohl ihres Verhaltens bewusst. »Wenn ich mich so aufführe, vielleicht sieht mein Vater dann, wie schlecht es mir geht.« Sie konnte die Belastungen, die die Erkrankung der Mutter für die ganze Familie mit sich gebracht hatte, nicht mehr ertragen und sah als einzigen Ausweg, um auf ihre Not aufmerksam zu machen, trotziges und provokantes Verhalten. ■

Viele Kinder fühlen sich schuldig an der Krebserkrankung eines Familienmitglieds, glauben der Verursacher zu sein. »Die Mama hat Krebs, weil ich so oft mit ihr gestritten habe«, so vermutet manches Kind. Eine Zwölfjährige, deren Mutter schon seit Jahren krank war, glaubte für den neuerlichen Krankenhausaufenthalt der Mutter verantwortlich zu sein. Ihre anhaltenden Streitereien mit dem Vater, meinte sie, hatten die Mutter so stark belastet, dass sie wieder in die Klinik musste. Umgekehrt glauben Kinder auch, durch Bravsein und unauffälliges, angepasstes Verhalten den Krankheitsverlauf positiv beeinflussen zu können.

Anregung Sagen Sie Ihrem Kind deutlich, dass zwischen seinem Verhalten und Denken und der Krebserkrankung kein Zusammenhang besteht. ■

Dieses als »magisch« bezeichnete Denken ist zunächst eine normale Phase in der Kindheit (typisch für Kinder im Alter von drei bis fünf Jahren, aber auch abhängig von der Entwicklung des Kindes). Die Kinder nehmen an, dass ihre Gedanken, Worte oder Handlungen auf magische Weise ein bestimmtes Ereignis hervorrufen oder auch verhindern können. Im Zusammenhang mit Krankheit oder Sterben muss dem Kind jedoch deutlich gemacht werden, dass sein Denken und Handeln nicht der Auslöser hierfür ist.

BEISPIEL Janines Mutter starb vor zwei Jahren an Krebs. Obwohl das Mädchen (mittlerweile sieben Jahre alt) wusste, dass ihre Mutter nach vielen Jahren Krankheit an Krebs gestorben war, glaubte sie manchmal immer noch, selbst schuld am Tod der Mutter zu sein. Als Fünfjährige hatte das Mädchen intuitiv geahnt, dass die Mutter sterben würde, und dies laut ausgesprochen: »Du wirst sicher bald sterben.« Jetzt, zwei Jahre später, überlegte sie gelegentlich noch, ob ihre Aussage, die Mutter würde bald sterben, wohl den Tod herbeigeführt hatte. ■

Durch die Belastungen zu Hause zeigen viele Kinder in der Schule einen Leistungsabfall. Statt konzentriert im Unterricht zuzuhören, wird ihre Aufmerksamkeit durch die Sorge um den kranken Elternteil abgelenkt, schweifen ihre Gedanken zu ihm ab. Schlechte Noten sind oft die Konsequenz. Das sollte man nicht dramatisieren. Kinder krebskranker Eltern tragen so viel Leid und Sorgen mit, da brauchen sie zu Hause nicht noch zusätzlichen Druck aufgrund nachlassender schulischer Leistungen, zumal diese oft nur vorübergehend sind. Auch für Kinder verschieben sich durch die Erkrankung Wertigkeiten. Wie wichtig sind jetzt englische Vokabeln, wenn die Mama vielleicht sterben wird?

Immer wieder bekomme ich jedoch auch berichtet, dass Kinder während der Erkrankung ausgesprochen gut in der Schule werden, sich ihre Noten verbessern. Intensives Lernen wird zur Flucht, eignet sich gut zum Verdrängen der Sorgen.

Manche Kinder versuchen auch, die Krankheit so weit wie möglich auszublenden, tun so, als ob alles ganz normal und unverändert wäre, oder verhalten sich abweisend gegenüber dem kranken Elternteil. Es ist dies der verzweifelte Versuch, Abstand von der Krebserkrankung und den daraus resultierenden Belastungen zu gewinnen und dem Krebs keine Macht über das eigene Leben zu geben. Versucht ein Kind, sich der Realität zu verschließen, heißt das auch, dass alle Gesprächsversuche der Eltern boykottiert werden. Bloß nichts hören, was möglicherweise Angst macht, so die Devise der Kinder.

Eltern können ihre Kinder nicht zu einem Gespräch zwingen und sollten es akzeptieren, wenn ein Kind nicht reden mag;

aber wichtige Informationen, etwa dass die Mutter ab Montag Chemotherapie bekommt, müssen einem Kind trotzdem mitgeteilt werden. Manches Gespräch gelingt auch besser, wenn man das Kind zunächst fragt, welche Befürchtung es denn hat. Nicht immer stimmen die Befürchtungen der Kinder mit der Realität überein.

Besonders bei Kindern, die mit der veränderten und belastenden Familiensituation anscheinend ausgesprochen gut zurechtkommen und keine auffälligen Reaktionen zeigen, empfiehlt es sich, genau hinzuschauen, ob es dem Kind wirklich gut geht oder ob es nur die Eltern mit seinen eigenen Sorgen verschont. Sind Kinder überangepasst, sollte man sie direkt ansprechen, um zu klären, ob es ihnen tatsächlich gut geht oder sie keinen Mut oder auch Raum haben, ihre Gefühle zu zeigen. Fast alle Kinder schonen die Eltern in dieser Situation. Sowohl der kranke als auch der gesunde Elternteil wird geschont, denn Kinder nehmen durchaus wahr, welche Belastungen auch der gesunde Elternteil zu tragen hat.

BEISPIEL Der siebenjährige Leon, dessen Vater an Krebs erkrankt war, erzählte mir, dass er manchmal weinen würde, aber nur, wenn er allein wäre. Ich musste ihm versprechen, seiner Mutter nicht davon zu erzählen. »Wenn die Mama weiß, dass ich manchmal weine, dann wird sie traurig und weint auch«, so seine Befürchtung. Und dass die Mama traurig wird, das wollte er auf gar keinen Fall. Leons Mutter wiederum verbarg ihre Traurigkeit vor ihrem Sohn, wollte ihn nicht mit den eigenen Gefühlen belasten und gab sich dem Kind gegenüber stark. ■

Viele Kinder glauben in der Tat, die Eltern würden nichts von ihrer Traurigkeit oder auch Angst ahnen. Weinen, nur wenn sie allein sind, ist typisch für viele Kinder. Ganz oft bekomme ich davon erzählt. Kinder wollen nicht an der Traurigkeit der Eltern schuld sein. Doch das bedeutet immer, dass die Kinder ihre eigene Traurigkeit den Eltern nicht zeigen und so mit ihrem Schmerz allein bleiben. »Mit meinem Papa kann ich nicht richtig reden, weil er ja selbst so viele Sorgen hat« – so ein Elfjähriger, dessen Mutter seit Jahren krank war. Häufig sind die geliebten Haustiere die Einzigen, denen Kinder von ihrer Not erzählen. Es ist nicht zu unterschätzen, wie wichtig Hunde, Katzen, Hasen und andere Tiere als Zuhörer für die Kinder sind. Und vor allem: Es sind verschwiegene Zuhörer, hier können die Kinder sicher sein, dass ihr Kummer nicht weitererzählt wird.

Eltern schonen ihre Kinder, wollen ihnen keine Angst machen und ihnen so viel Unbeschwertheit bewahren wie möglich. Doch das Verheimlichen der eigenen Betroffenheit heißt auch, dem Kind keinen Raum für seine Gefühle zu geben. »Der Papa ist nicht traurig, also darf ich es auch nicht sein«, so die Überzeugung von Kindern. Meiner Erfahrung nach ist dieses gegenseitige Schonen ein Teufelskreis. Ich bin fest davon überzeugt, es wäre für alle Familienmitglieder entlastend, wenn jeder offen darüber sprechen könnte, was ihn bedrückt und wie es ihm geht.

Anregung Fragen Sie Ihr Kind offen, ob es manchmal traurig ist oder Angst hat. Vermitteln Sie, dass es in der jetzigen Situation normal ist, solche Gefühle zu haben. ◼

In der Regel sprechen auch Geschwisterkinder nicht miteinander über die Erkrankung ihres Elternteils. Dies gilt sogar für Geschwister, die sich gut verstehen und eine enge Bindung zueinander haben. Oft habe ich den Eindruck: In der Familie ist jeder mit seinen Sorgen allein, sowohl die Erwachsenen als auch die Kinder. Kinder können am besten über ihre Gefühle reden, wenn die Erwachsenen ihnen hierin ein Vorbild sind.

Alexander war es wichtig, zu beschreiben, wie sehr ihm das Reden in der Familie gefehlt hat, als seine Mutter an Krebs erkrankte.

ALEXANDER (14) Ich möchte übers Reden reden, denn das hat mir am meisten gefehlt, als meine Mutter krank war. Mein Vater lebte schon lange Zeit von ihr getrennt. Es war für mich vollkommen normal, dass ich am Wochenende zu ihm ging und unter der Woche bei meiner Mutter lebte. Meine Mutter hatte irgendwann einen neuen Freund, er war immer nett und fürsorglich.

Doch dann kam der Krebs. Ich war gerade mal zehn Jahre alt, als ich die Diagnose erfahren habe, und da hat es schon angefangen: Niemand hat mit mir oder meiner Schwester geredet. Ich wusste nicht, was ein Hirntumor ist und was es für meine Mutter bedeutet. Trotzdem wusste ich, dass es etwas sehr Schlechtes ist. Meine Mutter lag im Krankenhaus, sie konnte nicht mit mir sprechen und ihr Freund hat auch nicht mit mir gesprochen. Zum Glück gibt es noch meinen Vater. Er hat mir erklärt, was ein Hirntumor ist und was der mit meiner Mutter anstellt, und er hat auch gesagt, dass sie wahrscheinlich frühzeitig sterben wird. Das war sehr wichtig für mich. Viele denken, Kinder kriegen das nicht mit oder verstehen das nicht, aber es ist sehr wichtig, darüber zu sprechen, auch wenn es Überwindung kostet, denn ich habe es einfach gemerkt, dass irgendwas nicht stimmte. Dann wurde meine Mutter nach einer Operation aus dem Krankenhaus entlassen. Einige Zeit verging, aber sie musste regelmäßig zu Untersuchungen, doch von denen erfuhr ich meistens nichts, trotzdem habe ich es gemerkt, da meine Mutter oft traurig war. Wenn ich Glück hatte, dann hat mein Vater von ihr oder ihrem Freund etwas erzählt bekommen und es mir dann weitergesagt, doch es ist nicht gut, etwas von solcher Bedeutung unter den Teppich zu kehren. Die Informationen waren so wichtig für mich, da ich wissen wollte, wie es ihr ging. Jedes Mal, wenn meine Mutter von einer Untersuchung heimkam, habe ich immer gedacht, dass sie bald sterben muss, weil man mir erzählt hatte, dass diese Krankheit tödlich sein kann. Es wäre schön gewesen, mit ihr über diese Angst zu reden, denn es ist besser, immer mit dem Kind über alles zu reden. Viele wollen ihr Kind schützen, doch sie machen es noch viel schlimmer, als es sowieso schon ist.

Ich habe oft mit meinem Vater telefoniert, der der Einzige war, der mit mir gesprochen hat, denn meine Mutter hatte immer ein großes Problem, über ihre Angst, Trauer und Wut auf die Krankheit zu sprechen. Also musste ich das alles mit meinem Vater besprechen, der weit weg war und nicht wusste, was er machen sollte. Irgendwann hat er mir vorgeschlagen, zu einer Psychologin zugehen. Erst war mir das unangenehm, zu einer Psychologin zu gehen, weil ich gedacht habe, die kümmert sich nur um Geisteskranke, aber es hat mir sehr geholfen, mit alldem fertig zu werden, da es jemand war, der nicht zur Familie gehört. Ich hätte gerne einmal meine Mutter dabeigehabt, mit ihr all die Sachen besprochen, die mich belastet haben, wie Angst und Trauer, aber meine Mutter hat das abgelehnt, sie hielt von Psychologen nichts.

So ging es noch drei Jahre weiter, bis ich fast 14 Jahre alt war. Mittlerweile waren meine Schwester und ich zu meinem Vater gezogen. Meiner Mutter ging es immer schlechter, sie konnte kaum noch laufen, reden, schreiben und alles. Die Ärzte beschlossen, eine Bestrahlung durchzuführen, und wieder wurde uns nichts erzählt. Ich finde es sehr schade, dass auch

ihr Freund in so einer schweren Zeit nicht mit uns geredet hat.
Er hätte uns wenigstens sagen können, was die Ärzte zu ihm
gesagt haben. Doch uns war klar, dass sie bald sterben würde.
Ich hätte mir nichts sehnsüchtiger gewünscht, als dass uns ihr
Freund gesagt hätte, was wirklich los war. Ich hätte so gern
Gewissheit gehabt.

Meiner Mutter ging es immer schlechter. Irgendwann haben
wir dann erfahren, dass sie gar nicht mehr aufstehen kann. Ab
sofort sind wir dann jeden Tag zur Mama gefahren und ich
saß am Bett und habe mit ihr gesprochen, auch wenn sie nicht
antworten konnte. So verging eine Woche, bis sie dann verstarb.

Wenn ich jetzt alles bedenke, merke ich, dass ich so gerne mit
meiner Mutter noch über vieles gesprochen hätte, wenn sie es
zugelassen hätte.

Auf eine besondere Weise ist es für Jugendliche schwierig, wenn ein Elternteil an Krebs erkrankt. Pubertierende befinden sich grundsätzlich in einer Phase der emotionalen Ablösung vom Elternhaus und in einer Neuorientierung. Oft werden jetzt die Verhaltensweisen und auch Werte der Eltern abgelehnt. Durch die Auseinandersetzung mit den Eltern wird versucht, sich abzugrenzen und den eigenen Stil, die eigenen Werte und Normen zu finden. Viele Jugendliche fühlen sich zu Hause nicht mehr verstanden und flüchten aus der Familie. Bezugspersonen sind immer weniger die Eltern und immer mehr gleichaltrige Freunde. Die Pubertät ist eine Phase des Abschiednehmens, von der Kindheit und auch vom Elternhaus.

Fällt nun in genau diese Zeit die Erkrankung, wird damit die Bewegung »weg von den Eltern«, eigentlich ein ganz normaler Entwicklungsprozess, meistens unterbrochen. Die Krankheit zwingt dazu, sich wieder verstärkt mit den Eltern zu beschäftigen und sich mit ihnen auseinanderzusetzen. Statt »Abnabelung« steht jetzt wieder die Sorge und damit Hinwendung zum erkrankten Elternteil im Vordergrund. In der Krise stehen die Jugendlichen loyal zu ihren Eltern und helfen. Hier ist es wichtig, für die jungen Menschen eine gute Balance zwischen Unterstützung des Kranken und den Anforderungen von Schule, Ausbildung oder Studium und dem Verfolgen der eigenen Interessen zu finden. Gehen sie nun ganz in der Fürsorge um den kranken Elternteil auf, kommt das eigene Leben oft zu kurz, tragen sie eine Last, die für sie zu schwer ist.

BEISPIEL Christians Vater war durch die Krebserkrankung mittlerweile zum Pflegefall geworden. Während sein Bruder im Ausland studierte, kümmerte sich Christian in seinen Semesterferien um den Vater und unterstützte auch seine Mutter, die mit der häuslichen Situation überfordert war. Er sorgte sich um die Mutter und hatte Angst, diese würde bald unter der Belastung zusammenbrechen. Wie das alles weiterhin gehen sollte, wenn für ihn das Semester wieder begann, wusste der junge Mann nicht, und diese Sorge um die Zukunft der Familie belastete ihn sehr. Der Vater lehnte einen Pflegedienst vehement ab. Er nahm gar nicht mehr wahr, wie sehr Frau und Sohn am Rande ihrer Belastungsgrenze waren. ▪

»Leider« bekommen besonders diese jungen Erwachsenen, die sich so stark engagieren, oft viel Zuspruch und Lob aus dem familiären und sozialen Umfeld der Familie für ihre Bemühungen um den Kranken. Auf der einen Seite ist es dringend notwendig, die Leistungen der Jugendlichen anzuerkennen, auf der anderen Seite brauchen sie aber unbedingt auch Entlastung durch Erwachsene und die Ermutigung, sich wieder eigenen Interessen zuwenden zu *dürfen.*

Jugendlichen, die auch während der Erkrankung eines Elternteils ihre Interessen verfolgen und oft außer Haus sind, wird oft vorschnell unterstellt, ihnen sei der Kranke völlig gleichgültig. Aus meiner Erfahrung in der Arbeit mit Jugendlichen kann ich das nicht bestätigen. Auch diese jungen Menschen sind bestürzt über die Krebsdiagnose, sind verzweifelt und haben Angst. Die konsequente Fortführung ihrer eigenen Interessen – oft verbunden mit einem schlechten Gewissen – ist somit weniger Ausdruck von Gleichgültigkeit als vielmehr eine Flucht vor der bedrückenden Atmosphäre zu Hause. Statt sich mit der Krankheitssituation auseinanderzusetzen wird die Zerstreuung gesucht.

Leider versuchen einige (zum Glück nur wenige) Jugendliche, ihre Sorgen und Ängste, die die Krebserkrankung ausgelöst hat, durch Drogen zu betäuben. Manche Jugendlichen haben auch depressive Verstimmungen, zeigen kein Interesse mehr an Freunden, Hobbys und Schule. In diesen Fällen ist professionelle Hilfe notwendig.

Grundsätzlich ist die Pubertät eine Zeit, in der Kinder meistens nicht sehr mitteilsam gegenüber ihren Eltern sind. In der Regel ändert auch die Krebserkrankung der Mutter oder des Vaters daran wenig. Viele Versuche der Eltern, mit ihren pubertierenden Kindern über deren Gefühle oder die Krankheit zu reden, scheitern. Je mehr Druck ausgeübt wird, je intensiver nachgefragt wird, desto weniger geben die Jugendlichen von ihrem Gefühlsleben preis.

Anregung Statt wiederholtem Nachfragen machen Sie Ihrem Kind immer mal wieder ein Gesprächsangebot:»Wenn du reden möchtest oder etwas wissen willst, sag mir Bescheid, ich bin jederzeit für dich da.« Auch wenn wenig Kommunikation herrscht, wichtige Veränderungen (etwa bezüglich des Gesundheitszustands) sollten Sie Ihrem Kind unbedingt mitteilen. ■

War vor der Erkrankung das Verhältnis zu den Eltern angespannt und von vielen Streitereien gekennzeichnet, so ändert sich dies nicht zwangsläufig durch die Krebsdiagnose. Wenn Eltern und Kind schon lange keine Basis mehr gefunden haben, um normal miteinander zu reden, so ist es utopisch zu erwarten, die Erkrankung eines Elternteils würde das grundsätzlich ändern. Einige Pubertierende reagieren ausgesprochen aggressiv auf die Erkrankung und auch auf den kranken Elternteil. Besonders die Kranken empfinden dies oft als sehr kränkend, sind hilflos und finden keinen Weg mehr, mit ihrem Kind zu kommunizieren.

Dabei wird häufig übersehen, wie sehr auch die Jugendlichen unter den Streitereien mit den Eltern leiden.

BEISPIEL Ruth, ein 16-jähriges Mädchen, wurde von ihrer an Krebs erkrankten Mutter als ihr gegenüber abweisend und sehr aggressiv beschrieben. Ruth verschließe sich den Eltern gegenuber komplett, kein Gespräch sei möglich. Das junge Mädchen demonstrierte auch beim ersten Treffen mit mir zunächst deutliches Desinteresse, schließlich war es ja die Idee ihrer Mutter gewesen, sie solle sich bei mir Unterstützung suchen. Und alle Ideen, die von der Mutter kamen, wurden zunächst kategorisch abgelehnt.

Während des Gesprächs mit mir brach die Fassade des Mädchens schnell in sich zusammen. Zum Vorschein kam ein zutiefst verzweifeltes Kind, das in großer Sorge um die Mutter war, sich von dieser aber in seiner Verzweiflung überhaupt nicht gesehen fühlte. Mir, einer Fremden, konnte Ruth schnell ihre wahren Gefühle zeigen, doch gegenüber der Mutter, zu der seit Jahren das Verhältnis angespannt und konfliktbeladen war, gelang dies nicht. Leider hatte die Mutter nicht sehen und wahrnehmen können, welche große Angst sich hinter dem aggressiven Verhalten ihrer Tochter versteckte. ■

Ist das Verhältnis zwischen Kind und Eltern so schwierig geworden, Kommunikation so mühsam, dann ist es oft notwendig, sich von außen Unterstützung zu holen. Konkret kann das heißen, dass sich Eltern und Kind einen Vermittler suchen, jemanden, der beide Seiten anhört und versteht und dann dabei hilft, wieder miteinander ins Gespräch zu kommen. Gelingt das nicht oder sind Eltern und Kind nicht dazu bereit, sollte ein Erwachsener gefunden werden, der dem Jugendlichen zur Seite steht, der Gesprächsangebote macht. Dies kann ein Lehrer oder

Sporttrainer sein, zu dem ein vertrauensvolles Verhältnis besteht, ein naher Verwandter oder auch jemand, der professionelle Hilfe anbietet, zum Beispiel in einer Beratungsstelle oder einer psychotherapeutischen Praxis.

Fälschlicherweise denken Erwachsene oft, dass Jugendliche mit ihren Freunden über ihre Probleme reden könnten und dort auch während der Erkrankung eines Elternteils Unterstützung fänden. Allerdings trifft dies nur in wenigen Ausnahmefällen zu. Alle Kinder krebskranker Eltern sind in ihrer Entwicklung reifer als Gleichaltrige. Eine 13-Jährige, deren Mutter seit vielen Jahren an Krebs erkrankt war, formulierte es in einer Mail an mich so: »Natürlich verändere ich mich auch. Ich bin erwachsener vom Wesen her. Das beunruhigt nicht nur mich, sondern auch meine Freundinnen.«

Viele Jugendliche schrecken davor zurück, ihrem Freundeskreis von der Krebserkrankung der Mutter oder des Vaters zu erzählen. Tun sie es dennoch, machen sie in der Regel die Erfahrung, dass ihr Wunsch nach Trost und einem offenen Ohr unerfüllt bleibt, die Freundinnen und Freunde mit diesem ernsten Thema überfordert sind und wenig Hilfe geben können. Statt Unterstützung zu finden, erfahren sie Frust und das Gefühl, von niemandem verstanden zu werden. Anderen Kindern und Jugendlichen, bei denen zu Hause alles wie gewohnt seinen Gang geht, ist es schwer zu vermitteln, wie sehr die Krebserkrankung das Familienleben verändert hat und welchen Emotionen die betroffenen Kinder ausgesetzt sind.

Viele Kinder und Jugendliche bleiben, obwohl in der Schule gut integriert, mit ihren Sorgen im Freundeskreis allein und fühlen sich letztendlich sehr einsam. Einige ziehen sich deshalb von ihren Freunden zurück, andere zeigen ihren Mitschülern und Freunden nur eine Fassade, tun so, als ob alles in Ordnung wäre und es ihnen gut ginge. Die Traurigkeit und Angst hinter der Maske bekommt niemand im Freundeskreis zu sehen.

Ein Mädchen schildert ihre Erfahrung in der Schule so: »Ich kann mir in der Schule einfach nichts anmerken lassen. Deshalb denken alle, das macht mir gar nichts aus, und halten mich für ganz schön kalt, aber ich hasse zu viel Mitgefühl, aber ganz ohne tut es noch mehr weh. Manchmal kommt es mir so vor, als hätten die anderen jetzt Angst vor mir, sie kommen damit einfach nicht klar, dass meine Mutter Krebs hat und es mir manchmal ganz schön schlecht geht.«

Besonders schwierig wird es, wenn der Freundeskreis über die Erkrankung von Vater oder Mutter gar nicht informiert ist, sehr wohl aber registriert, dass sich die Freundin oder der Freund in ihrem oder seinem Wesen verändert hat. Astrid, zwölf Jahre, bekam von ihren Freundinnen zu hören, sie sei in letzter Zeit so aggressiv und überhaupt sei der Umgang mit ihr sehr schwierig geworden. Die Freundinnen konnten die veränderte Verhaltensweise des Mädchens nicht nachvollziehen, da sie über die Krebserkrankung von Astrids Vater und die veränderte Familiensituation nicht informiert waren. Gerade dann, wenn sie die Unterstützung von Freundinnen und Freunden bräuchten, reagieren einige Kinder mit Rückzug. Auch Jugendliche wünschen sich in ihrer Not jemanden, der für sie da ist. Doch immer wieder bekomme ich von ihnen die Befürchtung zu hören, Freunde würden sie alleinlassen, wenn sie diesen zu viel von ihrer Verzweiflung zeigen würden.

NICO (13) beschreibt, wie wichtig für ihn das Reden über die Krebserkrankung seiner Mutter ist, aber welche Gründe ihn trotzdem daran hindern, seinen Freunden davon zu erzählen.
»Montag, 29. Dezember 2008
An diesem Tag wurde meine Mutter das erste Mal wegen einer bis zu dem Zeitpunkt unbekannten Ursache in der Bauchgegend operiert. Sie lag noch im tiefen künstlichen Schlaf des Betäubungsmittels. Mein Vater wartete draußen, vor der Tür des Aufwachzimmers, bis sie von den Pflegern hinausgebracht wurde. Ich war bis spätabends mit Besuch aus Australien zu Hause, mein Vater kam sehr spät aus dem Krankenhaus zurück. Die Operation hatte länger gedauert, als vorher von den Ärzten erwartet. Ich war zu Hause, schaute Fernsehen und wartete auf meinen Vater. Ich hatte solche Angst.

In dieser Woche sollte ich noch erfahren, dass meine Mutter wegen der schlimmen, mir bis zu diesem Zeitpunkt recht unbekannten Krankheit ›Krebs‹ operiert wurde. Mein Vater erzählte mir abends im Bett davon; ich hatte so was leider schon vermutet. Der Krebs war in der Familie meiner Mutter schon vorhanden und auch mehrfach in der Familie aufgetreten. Ich hatte keine Ahnung über Krebs. Ich wusste nichts. Aber ich weiß auch nicht, ob ich damals so viel darüber wissen wollte.

Zu diesem Zeitpunkt hatten wir Besuch aus Australien, eine Schwester meiner Mutter und ihr Ehemann, also meine Tante und Onkel. Damals wurmte es mich sehr, dass diese früher von der Krankheit erfuhren als ich. Ich war doch ihr Sohn! Ich sollte es doch mindestens als Zweiter erfahren!

Dank einer Gruppe, in der ich andere Kinder krebskranker Eltern traf, sah ich, wie gut es mir ging: Meine Mutter war noch am Leben und mein Vater machte sich überhaupt die Mühe, mich ein wenig aufzuklären. Doch musste ich immer noch einsehen, trotz aller Sorgen und Kummer, dass meine Mutter noch mindestens eine Woche brauchte, bis sie aus dem Krankenhaus entlassen werden konnte. Ich habe mir gedacht, dass jetzt alles vorbei ist und wir uns mal ein bisschen von den Sorgen und Strapazen der letzten Zeit ausruhen durften.«

»Donnerstag, 13. Mai 2010
Wir sind im Krankenhaus, besuchen meine Mutter; sie wurde nun das zweite Mal operiert. Die seelischen und körperlichen Narben meiner Mutter sind mit einem Skalpell wieder aufgeschnitten worden. Wieder Krebs. Die Tumormarker sind in der letzten Zeit buchstäblich in die Höhe geschossen. Kommt mir ungemein bekannt vor. Leider. Wieder würde eine Chemotherapie folgen. Alles schon mal gehabt. Ich bin so deprimiert, dass das alles

nun wieder sein muss. Aber ich habe meinen Vater zum Reden. Vorher war es mir noch nicht so klar, wie sehr ich diese Rede-Unterstützung brauche, aber jetzt weiß ich es glücklicherweise. Reden hat bei mir schon immer gut geholfen. Man kann sich dabei von den kleineren Ängsten so gut befreien. Trotzdem weiß ich jetzt immer noch nicht so recht, was ich vielleicht fragen sollte und was nicht. Manchmal weiß ich einfach nicht, wie.

Bis jetzt habe ich noch keinen meiner Freunde und Klassenkameraden in dieses Geheimnis, dass meine Mutter an Krebs erkrankt ist, eingeweiht – und das soll auch so bleiben. Andere in der Gruppe berichten mir, wie schwer sie es öfters in der Schule mit Hänseleien und abfälligen Kommentaren haben. Ich möchte nicht, dass mir so etwas passiert. Ich habe, offen und ehrlich gesagt, Angst vor so etwas und möchte nicht selbst erfahren, wie es in solch einer Situation ist.«

Astrid Lindgren hat es einmal sehr treffend formuliert: »Lange saßen sie dort und hatten es schwer. Aber sie hatten es gemeinsam schwer, und das war ein Trost. Leicht war es trotzdem nicht« (aus: *Ronja Räubertochter*).

Zum Glück wird für viele Krebspatienten nach überstandenen Operationen und Therapien irgendwann auch wieder Entwarnung gegeben. Der Krebs ist verschwunden, der Alltag kann wieder stattfinden. Trotz aller Erleichterung bleibt die Angst: Wird der Krebs wiederkommen? Diese Frage stellen sich nicht nur Erwachsene, auch Kinder leben mit der Angst, die Krankheit könne erneut ausbrechen. Doch selten wird diese Angst ausgesprochen. Besonders schwer fällt es Kindern, über ihre Angst zu reden, wenn das Thema innerhalb der Familie tabuisiert wird. Geben sich die Eltern ausschließlich optimistisch und stark, so haben Kinder keinen Raum, um eigene Ängste zu zeigen und anzusprechen.

Manche Kinder und Jugendliche fallen erst einige Jahre nach der krisenhaften Lebenssituation durch Probleme auf. Besonders dann ist es für Eltern oft schwierig, den Zusammenhang zwischen der akuten Störung und der Belastung durch die Jahre zurückliegende Krebserkrankung zu sehen.

Manchmal ist auch die Erkrankung anderer ausschlaggebend für die erneut auftretenden Ängste von Kindern. Ein achtjähriges Mädchen war vier Jahre nach der Krebserkrankung der Mutter, der es wieder sehr gut ging, plötzlich nicht mehr in der Lage, längere Zeit von der Mutter getrennt zu sein. Jeden Tag gab es vor dem Schulbesuch herzzerreißende Szenen und viele Tränen, auch an ein Übernachten bei der Freundin war nicht mehr zu denken. Auslöser für das klammernde Verhalten des Mädchens war die Krebserkrankung einer Lehrerin. Plötzlich war die Sorge, auch ihre Mutter könne erneut erkranken, sehr real geworden und zeigte sich in der

Panik, von der Mutter getrennt zu sein. Während die Mutter ihre Angst, die Krankheit könne erneut ausbrechen, verdrängte und sich stark zeigte, lebte die Tochter die Angst jetzt aus und war völlig überfordert damit.

Eltern sollten sich klarmachen, dass ihre eigenen, unausgesprochenen Ängste oft von den Kindern gespürt und übernommen werden. Können sich Erwachsene ihrer eigenen Angst und ihrem Schmerz zuwenden, entlastet es auch ihre Kinder.

Kinder, die die Krebserkrankung eines Elternteils miterlebt haben, haben ein verändertes Verhältnis zu Gesundheit. Sie beobachten sich selbst und auch die Eltern intensiv, ob wirklich keine Anzeichen von Krankheit zu erkennen sind. Bereits eine Erkältung wird kritisch beobachtet und löst häufig Angst aus. Ob es wirklich nur eine Erkältung ist oder doch der Vorbote für eine neuerliche Krebserkrankung?

Ein elfjähriges Mädchen, dessen Mutter vor zwei Jahren an Brustkrebs erkrankt war, war fest davon überzeugt, ihre Mutter sei erneut an Krebs erkrankt, als diese wegen einer harmlosen Schilddrüsenoperation für wenige Tage wieder ins Krankenhaus musste. Durch ein sehr aggressives Verhalten gab das Kind seiner Befürchtung und Angst Ausdruck.

Anregung Nehmen Sie die Sorgen Ihres Kindes bei einer Erkrankung (auch einer harmlosen) ernst. Vermitteln Sie Ihrem Kind in einem in aller Ruhe geführten Gespräch, worum es bei der jetzigen Erkrankung geht und dass kein Zusammenhang mit der Krebserkrankung besteht. ■

Immer wieder äußern Kinder Unverständnis, dass Eltern weiterhin rauchen. Ihre Sorge gilt sowohl dem zuvor erkrankten als auch dem gesunden Elternteil. Die Erfahrung einer überstandenen Krebserkrankung lässt die betroffenen Kinder viel empfindlicher auf das Rauchen reagieren als Kinder, denen diese Erfahrung fehlt. Viele beschäftigen sich grundsätzlich mit der Frage, was wohl den Krebs ausgelöst haben könnte; diese »Gefahrenquellen« gilt es jetzt natürlich zu meiden, für sie selbst und auch für die Eltern.

Für alle geheilten Krebskranken sind bevorstehende Kontrolluntersuchungen mit Stress und Aufregung verbunden. Diese Anspannung spüren auch die Kinder. Wichtig ist es, über bevorstehende Untersuchungen und vor allem auch deren Ergebnisse mit Kindern offen zu reden.

BEISPIELE Marie, eine 18-jährige junge Frau, die noch zur Schule ging und zu Hause lebte, bekam von ihrer Mutter (ein Jahr zuvor an Krebs erkrankt) nach einer Kontrolluntersuchung die Nachricht: »Alles okay.« Doch dies stimmte nicht. Die Blutwerte gaben Anlass zur Besorgnis; erst nach weiteren Untersuchungen gab es Entwarnung. Marie bekam das alles erst mit einigen Wochen Verzögerung von ihrer Mutter berichtet und war empört. Wie hatte ihre Mutter ihr sagen können, alles sei in Ordnung, obwohl es nicht der Wahrheit entsprach? Den Argumenten ihrer Mutter, sie habe erst mal selbst das Untersuchungsergebnis und die möglichen Folgen verkraften müssen, sei nicht in der Lage gewesen, mit ihrer Tochter darüber zu reden, und habe sie doch auch schonen wollen, verschloss sich Marie.

Für die junge Frau stand der Vertrauensverlust im Vordergrund. Wie sollte sie nach dieser Erfahrung jemals wieder ihrer Mutter glauben können, wenn diese nach einer Untersuchung berichten würde, die Ergebnisse seien in Ordnung? Die gut gemeinte Schonung der Tochter hatte fatale Folgen.

Eine andere junge Frau war besorgt, ob ihr Vater wohl alle anstehenden Kontrolluntersuchungen auch durchführen lassen würde. Der Vater war zum Beispiel davon überzeugt, dass dem »Tumormarker« keine Bedeutung beizumessen sei, eine Untersuchung, die er sich in Zukunft ersparen wollte. Diese Entscheidung war für die Tochter nicht nachvollziehbar. Sie glaubte, dieser Wert sei ausgesprochen wichtig, um mögliche neue Krebsherde rechtzeitig erkennen zu können. Für die junge Frau war es hilfreich, mit dem Vater gemeinsam ein Gespräch mit dessen Onkologen zu führen, um Klarheit zu gewinnen, welche Untersuchungen in Zukunft wichtig waren und welche nicht. ■

Für viele Kinder und Jugendliche ist es hilfreich (nicht nur bei Kontrolluntersuchungen, sondern auch schon bei Diagnosestellung), medizinische Fragen direkt einem behandelnden Arzt stellen zu können. Diese werden als neutrale Autorität angesehen, denen oft mehr geglaubt wird als den Eltern.

Anregung Sollten Sie als Eltern meinen, ein Gespräch mit einem Arzt wäre für Ihr Kind hilfreich, so scheuen Sie sich nicht, einen Ihrer Ärzte darauf anzusprechen – welcher der geeignete ist, dafür werden Sie sicher ein Gefühl haben. ■

Jugendliche sollten ihren Eltern darin vertrauen können, dass diese sie auf Änderungen in der Prognose vorbereiten. Sie profitieren von der Möglichkeit, ihr Verständnis der Situation mit Eltern, Ärzten und anderen Experten zu besprechen.

Ich bin immer wieder berührt, wenn ich erlebe, wie Kinder, und zwar oft viele Jahre lang, die Krebserkrankung eines Elternteils mittragen. Die Last, die diese Kinder auf sich nehmen, das Leid, das sie ertragen, wird oft von ihrem familiären und sozialen Umfeld nicht gesehen und schon gar nicht gewürdigt. Leben mit der Krebserkrankung eines Elternteils bedeutet immer auch eine Achterbahnfahrt der Gefühle: erfreuliche Untersuchungsergebnisse, die Anlass für Hoffnung geben, und dann doch wieder eine Verschlechterung des Gesundheitszustands von Mutter oder Vater, die einen erneuten Klinkaufenthalt oder eine weitere Therapie zur Folge hat.

Einige Kinder spüren selbst nicht mehr, wie sehr sich ihr Alltag im Lauf der Zeit verändert hat. Sie passen sich den schwierigen Lebensumständen an, gewöhnen sich an die Krebserkrankung von Mutter oder Vater mit allen Konsequenzen, die die Krankheit für das Familienleben hat. Ihnen ist klar: Es wird nie mehr so sein wie früher. Die Ausnahme wird zum Alltag, das Gefühl für das Normale geht völlig verloren. Leider lernen einige Kinder das »Normale« auch gar nicht wirklich kennen, wachsen von Anfang an mit der kranken Mutter oder dem kranken Vater auf.

BEISPIEL Annas Mutter war seit fünf Jahren an Krebs erkrankt. Für das zwölfjährige Mädchen war es mittlerweile normal, dass die Mutter einen künstlichen Darmausgang hatte, nichts mehr essen konnte und ausschließlich, auch zu Hause, durch Infusionen ernährt wurde. Wenn die Mutter trank, musste sie sich häufig danach übergeben. Anna kannte das schon und tat dann immer so, als ob nichts wäre. Sie schämte sich ihres

Ekels und getraute sich nicht, der Mutter zu zeigen, wie grässlich sie das alles fand. Den Raum zu verlassen, kam für sie überhaupt nicht infrage. Anna war der Mutter gegenüber absolut loyal und verdrängte ihre eigenen Bedürfnisse. »Alles nicht so schlimm« – mit dieser Behauptung hielt sich das Mädchen alle Belastungen und Angst auslösenden Gefühle auf Distanz. Bloß nicht hinspüren, wie unerträglich die Situation nicht nur für die kranke Mutter, sondern auch für sie war. ▪

Manche Kinder und Jugendliche ziehen sich vom kranken Elternteil zurück, meiden Körperkontakt. Meist wird dieser Rückzug von Schuldgefühlen und einem schlechten Gewissen begleitet. »Ich habe das Gefühl, ich lasse den Papa im Stich, aber er riecht jetzt so komisch« – so die Aussage eines Mädchens, die deutliche Distanz zum kranken Vater hielt. Niemand sollte ein Kind in dieser Situation bedrängen; besser ist es, gemeinsam mit dem Kind nach Alternativen für das Verhalten zu suchen, etwa wie trotzdem Nähe hergestellt werden kann.

Ein anderer Grund, weshalb sich Kinder vom kranken Elternteil zurückziehen, kann darin liegen, dass die Kranken massiv Nähe einfordern. Kinder fühlen sich davon schnell unter Druck gesetzt, Nähe zu geben, die sie in dieser Intensität gar nicht wollen. Oft ist dann Distanz für sie der einzige Weg, sich dieser erzwungenen Nähe zu wehren. Eine Mutter erzählte mir, ihr kranker Mann würde ständig den fünfjährigen Sohn küssen wollen. Den kleinen Kerl »nervten« die vielen Küsse sichtlich und er hielt sich immer mehr vom Vater fern.

Einige Kinder sind auch ängstlich, ob sie mit der kranken Mutter oder dem kranken Vater noch kuscheln können. Tut der Mama oder dem Papa nicht alles weh? Kann ich sie oder ihn überhaupt noch anfassen?

Anregung Geben Sie Ihrem Kind konkrete Anleitungen, welcher Körperkontakt möglich und wo Vorsicht angebracht ist. ■

Die Krebserkrankung der Eltern ist für einige Kinder zudem mit Schamgefühlen verbunden. Die Mutter, die nicht mehr richtig laufen kann und einen Rollstuhl braucht, um sich fortzubewegen, der Vater, der aufgrund seines Hirntumors motorische Ausfälle hat und auch nicht mehr gut sehen und sprechen kann, sie alle werden schnell als peinlich empfunden. Viele Kranke schämen sich auch selbst angesichts der Hilfsmittel, auf die sie plötzlich angewiesen sind, schämen sich für ihren veränderten Körper oder ihre eingeschränkten körperlichen Fähigkeiten. Je natürlicher und offener Kranke mit ihrer veränderten Situation und allem, was dazugehört, umgehen, desto leichter fällt es auch den Kindern.

Besonders dann, wenn Kranke mit ihrer persönlichen Situation hadern, fällt es Kindern auch schwer, sie zu akzeptieren. Eine Frau, deren Mann erkrankt war und viele körperliche Einschränkungen hinnehmen musste, sagte mir: »Wir versuchen, es mit Humor zu nehmen.« Bewundernswürdig, wenn das gelingt; ich denke, es ist eher die Ausnahme.

Auch wenn ich für einen offenen Umgang mit dem veränderten Körper plädiere, gilt es in intimen Bereichen Grenzen zu wahren. Völlig unpassend ist es meines Erachtens, ein Kind zum Beispiel zusehen oder sogar helfen zu lassen, wenn einem Elternteil die Windeln gewechselt werden. Die Würde der Mutter oder des Vaters sollte vor einem Kind unbedingt gewahrt bleiben. Dies hat mit freizügigem Verhalten (»Wir haben uns schon immer nackt vor den Kindern gezeigt«) nichts zu tun.

In einigen Familie vertauschen sich im Lauf der Zeit die Rollen: Die Kinder übernehmen die Rolle eines Erwachsenen, sind stellvertretend stark für ihre Eltern und tragen die Verantwortung. Die kranken Eltern rutschen gleichzeitig in die Rolle eines Kindes. Ein solcher Rollentausch ist für beide Seiten ungesund, aber in Ausnahmefällen doch nicht vermeidbar. Sophia, eine 14-Jährige, brachte seit einigen Wochen abends gegen 20 Uhr ihre kranke Mutter (alleinerziehend) ins Bett. Die Mutter war zu diesem frühen Zeitpunkt bereits erschöpft, für das Mädchen war es viel zu früh, um schon schlafen zu gehen. Sophia kommentierte die Situation lakonisch: »Ich bringe die Mama ins Bett – eigentlich müsste das andersherum sein.«

Oft erlebe ich, dass Kinder zum Tröster ihrer kranken Eltern werden. Dies darf auf gar keinen Fall zum Dauerzustand werden. Erwachsene sollten ihren Kindern vermitteln, dass es andere Erwachsene gibt, die sie trösten und die ihnen helfen. Ein Kind ist mit dieser Rolle auf Dauer überfordert. Der zwölfjährige Daniel tröstete oft seine kranke Mutter. Er übernahm dann die Rolle des Vaters, der selbst psychische Probleme hatte und mit der Erkrankung seiner Frau überfordert war. Daniel nahm Rücksicht auf die Befindlichkeit seines Vaters und versuchte zudem, seiner Mutter Hoffnung zuzusprechen. Doch wer ist für ihn und seine Sorgen da?

Auch der 13-jährige Philipp trug viel Verantwortung. Aus Angst, seine kranke Mutter (alleinerziehend) könne nachts epileptische Anfälle bekommen, schlief er mit ihr zusammen im Bett und übernahm damit eine große Beschützerrolle, die ihn völlig überforderte.

Manchmal werden Kinder auch zum Partnerersatz, werden
zu Vertrauten eines Elternteils. Ist es nicht möglich, mit dem
erkrankten Ehepartner Probleme zu bereden, rutschen Kinder
oft in die Rolle des Gesprächspartners. Kinder fühlen sich dadurch oft aufgewertet und sind stolz auf ihre neue Rolle und
gar nicht bereit, diese so schnell wieder aufzugeben. Manchmal
werden Kinder auch von Erwachsenen aus dem familiären oder
sozialen Umfeld der Familie regelrecht in eine solche Rolle hi-
neingedrängt. Der Junge, dessen Vater im Krankenhaus liegt
und der gesagt bekommt, er sei jetzt »der Mann im Haus«, ist
leider noch immer keine Seltenheit.

Auch wenn Kindern diese Rollen oft schmeicheln, sie stellen
immer eine Überforderung dar. Erwachsene müssen sich andere Erwachsene zur Unterstützung und als Gesprächspartner
suchen.

Einige Kinder schlafen auf Dauer im Ehebett. Dies ist häufig
bei alleinerziehenden Müttern zu beobachten, aber auch, wenn
der kranke Vater in der Klinik ist oder ein extra Pflegebett hat.
Aus meiner Erfahrung ist es fast ausschließlich die Konstellation,
dass Jungen mit der Mutter im Ehebett schlafen. Ich spreche
hier nicht von kleinen Buben, sondern von Jungen im Alter
bis zu 12, 13 Jahren, also Kindern, die bereits in die Pubertät
kommen oder schon darin sind. Dieses Phänomen, dass Jungen
abends erst gar nicht in ihr eigenes Bett gehen, sondern sich ganz
selbstverständlich ins Ehebett legen, ist weit verbreitet und ich
wundere mich oft, wie selbstverständlich für alle Beteiligten
dieses Arrangement ist, wie wenig es auch von den Müttern
hinterfragt wird.

Keine Frage: Kinder können bei den Eltern im Ehebett
schlafen, wenn sie Angst haben, schlecht träumen oder krank

sind, aber wenn es zum Dauerzustand wird, dass ein Kind den Platz des Partners im Ehebett einnimmt, halte ich es für nicht angebracht. Kinder gehören in ihr eigenes Bett und nicht als Partnerersatz ins Ehebett.

Immer wieder werde ich gefragt, ob die Jungen sich den Platz im Ehebett suchen oder die Mütter das Angebot machen. Ich glaube, es ist eine Kombination aus beidem. In vielen Gesprächen habe ich von Müttern immer wieder zu hören bekommen, dass es ja auch schön sei, wenn jemand im Bett nebenan liegen würde. Ich glaube, die Jungen spüren das und sie genießen auch die neue, besondere Rolle; ganz unbewusst geht es hier auch um Macht und Kontrolle. Die Jungen werden zum Beschützer der Mutter, nehmen die Rolle eines erwachsenen Partners ein.

Von der umgekehrten Konstellation, also Mädchen mit dem Vater zusammen im Ehebett, habe ich nur ganz selten erzählt bekommen. Ich glaube, Männer gehen mit diesem Thema viel sensibler um als Frauen, nicht zuletzt aufgrund vieler gesellschaftlicher Diskussionen.

Grundsätzlich gilt: Auch kranke Eltern bleiben Eltern und sind »die Großen« – Kinder sind »die Kleinen«. Ich glaube, es ist Part der Eltern, dafür zu sorgen, dass sie selbst die Rolle der Großen einnehmen, dann fällt Kindern ganz natürlich die Rolle der Kleinen zu. Übernehmen Kinder die Rolle eines Erwachsenen und damit auch Verantwortung, so ist dies für sie eine Überforderung. Oft haben sie gar kein Gespür mehr für ihre eigenen Bedürfnisse. Diese werden völlig in den Hintergrund gedrängt.

Anregung Achten Sie darauf, dass Ihr Kind auch Kind bleiben darf. Lassen Sie es nicht zu, dass Ihr Kind auf Dauer zum Tröster von Mutter oder Vater wird. ∎

Kinder und Jugendliche haben oft ein schlechtes Gewissen, ihren Bedürfnissen und Interessen zu folgen, wenn ein Elternteil krank zu Hause ist. Besonders schwierig wird es, wenn sich abzeichnet, dass Mutter oder Vater bald sterben werden. Die Jugendlichen leben dann in einem permanenten Spannungsfeld zwischen Alltag in der Schule, eigenen Interessen, Freunden und dem kranken Elternteil (zu Hause, in der Klinik oder auch in einem Hospiz) und sind häufig damit überfordert. In der Schule müssen sie weitgehend funktionieren, aber oft bietet die Schule mit allen Anforderungen auch eine willkommene Ablenkung von der schwierigen Situation im Elternhaus.

Im Folgenden beschreibt Melissa ausführlich ihren Spagat zwischen Alltag in der Schule und dem Leben zu Hause mit dem kranken Vater. Sehr deutlich spürt sie, wie wenig Verständnis ihre Freundinnen für ihre Situation haben, aber auch, wie wichtig für sie die mit dem kranken Vater gemeinsam verbrachte Zeit ist.

MELISSA (17) Mit der Krebsdiagnose meines Papas vor drei Jahren veränderte sich unser Leben schlagartig. Letzten Endes war mein Papa ein Jahr krank und verstarb vor zwei Jahren. In dieser Zeit der Krankheit hatte ich jedoch immer mit mir selbst zu kämpfen. Der Spagat zwischen dem Alltagsleben und dem Leben zu Hause mit einem kranken Vater war einfach zu groß.

Oft musste ich mir überlegen, ob ich nicht besser zu Hause blieb, um für meine Familie da zu sein, oder ob ich mich lieber ablenken und mit meinen Freunden etwas unternehmen sollte. Ich kann mich noch genau daran erinnern, dass ich meistens Ersteres wählte. Ich brachte es einfach nicht übers Herz, meinen kranken Vater allein zu lassen, obwohl ich wusste, dass meine Mama und meine Geschwister auch zu Hause sein würden. Hinzu kam außerdem immer die Angst. Angst, dass etwas passiert, wenn ich nicht in diesem Augenblick zu Hause bin. Aber auch Angst davor, dass er nicht mehr da sein wird, wenn ich nach Hause komme.

Natürlich versuchte ich auch immer wieder, mich bewusst abzulenken. Manchmal traf ich mich mit Freunden. Allerdings war es nicht mehr dasselbe wie früher. Ich hatte immer öfter das Gefühl, missverstanden zu werden. Sie nahmen keine Rücksicht auf mich, und ich hatte das Gefühl, sie wollten der Situation ganz aus dem Weg gehen. Sie verstanden meine Art nicht mehr. Für mich rückten die »kleinen« Probleme, zum Beispiel schulische, viel weiter in den Hintergrund, und das haben sie nicht wirklich verstanden. Nur sehr wenige boten mir ihre Hilfe an und fragten mich, wie es mir wirklich gehe.

Natürlich ist das alles für Außenstehende schwer zu verstehen, aber dennoch hätte ich mir einfach manchmal gewünscht, dass sie mir sagen, dass sie für mich da sind. Ich bin mir sicher, dass diese Geste schon einiges geändert hätte. Das war allerdings nicht der Fall.

Manchmal plagte mich aber auch das schlechte Gewissen. War es mir überhaupt erlaubt, Spaß zu haben, während mein kranker Papa zu Hause lag und meine Mama meine Hilfe auch dringend benötigte? Immer öfter blieb ich deshalb daheim, während es manchmal vielleicht besser gewesen wäre, wegzugehen und einen Tag mal nicht an den Krebs zu denken. Zum Glück bot die Schule an manchen Tagen eine Art Ablenkung. Aber auch hier hatte ich öfter das Gefühl, nicht verstanden zu werden, und meine Klassenkameraden machten mir häufig Vorwürfe,

ich würde mich nicht genügend um die Freundschaft bemühen,
obwohl ich das trotz der Probleme zu Hause versuchte.

Das Beste, was mir jedoch in dieser schweren Zeit geholfen hat,
diesen Übergang zwischen Alltag und der Situation zu Hause
zu überwinden, war, dass ich immer öfter zu meinem Papa
gegangen bin und ihm meine alltäglichen Probleme erzählen
konnte. Ich konnte mit ihm immer reden und er wusste einfach
immer den passenden Rat. Ich wollte die Zeit gut nutzen und
möglichst viel Zeit noch mit ihm verbringen, weil ich immer
Angst hatte, dass morgen sein letzter Tag sein könnte.

Ich hatte natürlich Angst davor, dass er sich körperlich, aber
vor allem psychisch verändern würde, was letzten Endes auch
geschah, aber ich habe das nie als sehr schlimm empfunden.
Es kam öfter zu Auseinandersetzungen innerhalb der Familie,
da er nicht mehr laufen konnte und uns deshalb zunehmend
um Gefälligkeiten bitten musste. Hinzu kam außerdem, dass
seine Geduld immer weiter abnahm und er uns auch mal
herumkommandiert hat. Ich fand das nicht schlimm, auch
wenn ich mich manchmal dennoch über ihn ärgerte. Ich hielt
immer an dem Gedanken fest, dass es ihm im Moment wieder
einmal schlechter gehe und er sich nicht beherrschen könne.
Die übrigen Familienmitglieder sahen das manchmal anders
und gerieten dann immer häufiger mit ihm in Konflikt, wobei
man bedenken muss, dass die Anspannung und die Belastung
bei allen Beteiligten sehr groß waren.
Diese Situationen habe ich gehasst, weil ich auf der einen Seite
meinen Papa verstehen konnte, auf der anderen Seite aber auch
den Rest der Familie. Ich versuchte dabei, meine Geschwister
dazu zu ermutigen, öfter zu unserem Papa zu gehen und mit ihm
zu sprechen. Sie gingen auch manchmal zu ihm, aber vielleicht

waren die Angst und die Unsicherheit zu groß, um ihn noch öfter zu besuchen. Ich ging sofort zu ihm, wenn ich von der Schule kam, auch wenn der Tag nicht der allerbeste war. Ich aß mit ihm zusammen zu Mittag, wenn niemand anders zu Hause war, und ich half ihm, so gut es ging.

Natürlich ging diese allgemeine Situation nicht spurlos an meinen Eltern vorüber. Meine Mama hat öfter versucht, mit mir darüber zu reden, damit ich die Probleme mit der Schule und meinen Freunden besser meistere. Aber im Grunde war es schwierig.

Gelindert haben die Worte meiner Mama ein bisschen, richtig verstanden habe ich sie erst später: »Gesunde verstehen die Kranken nicht mehr, Kranke verstehen die Gesunden nicht mehr, und diejenigen, die nicht Gleiches erlebt haben, können einen nicht verstehen.«

Es war sehr gut, dass sie mir genügend Freiheiten ließen. Wenn ich etwas mit meinen Freunden machen wollte, haben sie mich gelassen. Selbst wenn es mir psychisch nicht gut ging, erlaubten sie mir einen Tag von der Schule fernzubleiben. Allerdings konnte meine Mama mir oftmals nicht helfen, da sie den ganzen Tag arbeiten musste. Häufig wusste auch mein Papa nicht, was er sagen sollte. Einfach sein Zuhören hat mir schon geholfen. Es hat gutgetan, mit ihm zu sprechen und ihn noch bei mir zu haben.

Ich habe immer versucht, in ihm nicht den Kranken oder Leidenden zu sehen, sondern immer noch den Papa, den ich in Erinnerung hatte. Ich konnte mich auf ihn verlassen und mich gut mit ihm unterhalten. Und daran halte ich bis heute noch fest. Ich erinnere mich an die Zeit, in der er nicht krank war, sondern spontan, klug und vor allem lustig.

Die Stunden mit meinem Papa möchte ich nicht missen, denn sie waren sehr intensiv, viel intensiver als früher, und sie helfen mir jetzt mit dem Vergangenen und dem Zukünftigen besser klarzukommen.

Viele Kranke vermeiden, ihren Kindern mitzuteilen, wie viel Nähe sie sich von ihnen wünschen, trotz allem Verständnis für deren Interessen. Die Kranken schonen ihre Kinder, wollen keine Forderungen stellen, doch ich bin davon überzeugt, dass es für viele Kinder und Jugendliche entlastend wäre, würden die Eltern offen über ihren Wunsch nach Nähe und gemeinsam verbrachter Zeit sprechen.

Eine andere junge Frau erzählte mir einige Monate nach dem Tod ihrer Mutter, wie sehr sie noch immer ein schlechtes Gewissen habe. Sie sei einige Wochen vor dem Tod der Mutter mit Freunden für ein langes Wochenende nach Paris gefahren – das konnte sie sich jetzt nur schwer verzeihen. Obwohl sie über Monate alles für ihre kranke Mutter getan hatte, wog dieses eine Urlaubswochenende schwer für sie.

Die Erfahrung hat gezeigt, dass die meisten Kinder lieber mit dem Elternteil über ihre Sorgen und Ängste sprechen, der nicht erkrankt ist. Mit ihnen ist das Gespräch für sie einfacher. Viele Kranke verändern sich während der Krebserkrankung, äußerlich und innerlich. Sie kämpfen ums Überleben, sind manchmal nach oft jahrelangen Therapien auch völlig erschöpft, körperlich und seelisch. Einige sind nur noch mit sich selbst beschäftigt, nehmen ihr Kind in seinen Bedürfnissen nicht mehr wahr und wenden sich ihm auch nicht mehr zu. Alles Denken kreist – und ich halte das auch für absolut verständlich und nachvollziehbar – um das eigene Schicksal. Auch Medikamente verändern Menschen und nicht zuletzt der Krebs selbst. Gerade bei Hirntumoren ist oft auch die Persönlichkeit des Kranken mit betroffen.

Doch nicht nur die Kranken verändern sich in ihrer Persönlichkeit, eine Krebserkrankung verändert alle Familienmitglieder. Und es verändern sich im Familiensystem auch die Beziehungen zueinander. Manchmal rückt eine ganze Familie näher zusammen, manchmal scheint die Krebserkrankung auch das gesamte Familiengefüge zu sprengen. Melissa (siehe oben) beschreibt in ihrem Text, wie sie dem Vater während der Krankheit sehr nahe kam, während ihre Geschwister sich eher distanzierten.

Melissa zeigte viel Verständnis für das veränderte Verhalten des kranken Elternteils. Andere reagieren zunehmend ungeduldig und auch hilflos, einige fühlen sich vom Verhalten und von den Äußerungen des Kranken verletzt. Ein Junge beschrieb es so: »Meiner Mutter geht es immer schlechter. Tag für Tag hat sie mehr Schmerzen, und ich weiß nicht, was ich tun soll.

Einerseits tut sie mir so leid, aber dann ist sie wieder so gemein
zu mir und ich bin so zerteilt.«»Dieses Sich-»zerteilt«-Fühlen
drückt genau seine Situation aus: Mitgefühl mit der Mutter,
Schmerz über ihr Leid, aber doch auch das Gefühl, in seinem
Kummer von ihr nicht gesehen, sondern – im Gegenteil – auch
noch »gemein« behandelt zu werden. Wie unendlich schwierig
für ein Kind, das alles auszuhalten!

Auch Erwachsene sind oft hilflos und wissen nicht, wie sie
reagieren sollen, wenn ein Kranker in seiner Persönlichkeit stark
verändert ist, vielleicht herrisches und aggressives Verhalten
an den Tag legt. Sie wissen nicht, wie sie sich dann verhalten
sollen – und Kinder wissen das noch weniger. Für viele ist es
dann einfacher, sich vom Kranken zu distanzieren, als sich seinen
Launen auszusetzen.

Viele Kinder zeigen jahrelang Verständnis für ihre kranken
Eltern und stellen eigene Bedürfnisse zurück, doch irgendwann
ist auch das Verständnis aufgebraucht. Der kranke Elternteil,
der seit Jahren die Familie nur noch vom Bett oder Sofa aus
herumkommandiert, wird irgendwann nicht mehr ernst genommen und schon gar nicht in seiner Not gesehen. Statt Nähe zu
den Kindern entsteht immer mehr Distanz, statt verbleibende
Lebenszeit zu genießen wird diese in Streit und Disharmonie
verbracht.

Krebskranke gehen, entsprechend ihrer Persönlichkeit, ganz
unterschiedlich mit ihrer Situation um. Einige leugnen bis zum
Schluss die Bedrohlichkeit der Erkrankung, andere legen sich
ins Bett und fühlen sich fortan nur noch als Opfer und warten
auf den Tod. Natürlich gibt es auch kranke Eltern, die sich
realistisch der Situation stellen, mit ihren Kindern vorbildlich
über alles reden, gar keine Frage. Aber oft ist es eben eine Situa-

tion, die die ganze Familie überfordert, Kranke wie Gesunde, Eltern wie Kinder.

Sehr berührend ist Inkas Text zu lesen. Sie schildert, wie schwer es ihr fällt, mit dem veränderten Verhalten ihres Vaters zurechtzukommen.

INKA (15) Mein Papa (45 Jahre) ist vor dreieinhalb Jahren an Zungenkrebs erkrankt – er war vor vierzehn Jahren schon einmal an Leukämie erkrankt. Es fing damit an, dass er ständige Kiefer-, Zahn- und Ohrenschmerzen hatte und es ihm schwerfiel, etwas zu essen. Viele Ärzte hatten den Tumor trotz etlicher Untersuchungen nicht erkannt. Erst rund ein Jahr später kam er in eine spezielle Klinik. Der Tumor war ungefähr sechs Zentimeter groß und wurde mit Chemotherapie und Bestrahlung behandelt. Insgesamt war mein Papa ein halbes Jahr in der Klinik (was mir aber viel länger vorkam). Diese Zeit war sehr schwierig, denn ich konnte ihn nicht sehr oft sehen, da er 60 Kilometer entfernt und oft durch die Behandlung sehr geschwächt und müde war und daher keinen Besuch haben wollte. Außerdem hatte ich viel mit der Schule zu tun.

Da er durch die Behandlung und die Schmerzen nicht mehr essen konnte, wurde ihm eine Magensonde gelegt, sodass er mit »Astronautennahrung« ernährt wurde. Trinken konnte er allerdings die ganze Zeit. Leider hat mein Papa die »künstliche Nahrung« nur am Anfang der Erkrankung angenommen, aber jetzt lehnt er sie ab. Eigentlich muss er dreimal am Tag die Nahrung zu sich nehmen, doch er weigert sich, dies zu tun. Auch der Pflegedienst, der zu uns nach Hause kommt, und die behandelnden Ärzte können daran nichts ändern – und ich und die Mama leider auch nicht. Mein Papa verliert deswegen immer mehr an Gewicht. Vom Befund der Erkrankung bis heute 25 kg.

Das bedeutet nicht nur, dass er sehr, sehr dünn ist, sondern auch sein Verhalten hat sich stark verändert. Er ist ziemlich launisch, ungeduldig, schnell genervt, ungerecht und unfreundlich zu uns, unseren Freunden und Fremden. Das ist mir oft sehr unangenehm und es macht daher nicht mehr viel Spaß, mit ihm Dinge zu unternehmen. Mir fällt es besonders schwer, das zu akzeptieren, denn mein Papa war früher ganz anders. Die gemeinsamen Unternehmungen haben mir immer sehr viel Spaß gemacht und wir haben viel gelacht. Außerdem haben wir früher auch viel Zeit mit Freunden verbracht. Den Spaß und die Freude habe ich seit der Erkrankung nicht mehr.

Ich finde es zudem auch sehr schade, dass er nicht mehr mit der Mama und mir zusammen am Tisch sitzt, um sich mit uns über den Tag oder andere Dinge zu unterhalten. Er bekommt so wenig von mir und meinen Interessen, Unternehmungen, Problemen und Planungen mit. Mir scheint es, als ob er das alles gar nicht mitkriegen will beziehungsweise dass es ihm egal ist?! Aber oft beschwert er sich, wenn er bestimmte Sachen nicht weiß. Ich finde sonst auch nur selten Gelegenheiten, wenn er gut drauf ist, um mit ihm zu sprechen oder mich auszutauschen.

Mir scheint es, als würde er in seiner eigenen Welt leben, und ich habe kaum Einblick in sein Inneres, das heißt, was er denkt und fühlt, obwohl ich es oft gerne wissen würde. Dann könnte ich ihn vielleicht besser verstehen und ich wäre nicht so ratlos und traurig. Ich kann es zum Beispiel nicht verstehen, warum er die Nahrungsaufnahme durch die Sonde verweigert oder nicht probiert, etwas zu essen. Ich glaube, dass es ihm damit besser gehen würde. Außerdem habe ich Angst, dass er verhungert und ich nichts daran ändern kann oder zusehen muss, wie er langsam immer weniger wird und schließlich einfach so stirbt!

Nicht nur das Leben meines Vaters hat sich verändert, sondern auch mein Leben und das unserer Familie.

Inka äußert deutlich den Wunsch, ihren Vater in seinem veränderten Verhalten besser verstehen zu können. Sie will gar nicht, dass er sich ändert, nur reden soll er mit ihr. Auch bei anderen Kindern und Jugendlichen gewinne ich sehr oft den Eindruck, dass sie in erster Linie nicht das Verhalten ihrer Eltern kritisieren wollen, sondern sich vor allem eine Erklärung für deren Veränderung wünschen.

Oft fällt es Kindern und Jugendlichen auch schwer, die Veränderungen von Mutter oder Vater auszuhalten. »In dem Wesen, das unten im Wohnzimmer im Bett liegt, erkenne ich überhaupt nicht mehr meine Mama wieder«, so ein Junge über die kranke Mutter. Äußerlich hat sich die Mutter verändert, ist vom Krebs gezeichnet, kann sich nicht mehr richtig artikulieren, und alle Versuche, mit ihr zu reden, enden für den Sohn (und vermutlich auch für die Mutter) unbefriedigend. »Wenn ich mal was nicht verstehe, meint sie, ich tue nur so und will sie nicht verstehen.«

Ein elfjähriger Junge war nur sporadisch dazu zu bewegen, den kranken Vater, der mittlerweile im Wohnheim lebte, zu besuchen. Aus dem Vater, mit dem er früher immer zusammen Fußball gespielt hatte, war ein Mann geworden, der aufgrund seines Hirntumors im Rollstuhl saß, fast erblindet war und über kein Kurzzeitgedächtnis mehr verfügte. Jede Unterhaltung mit ihm war schwierig geworden, da er immer alles sofort wieder vergaß. Besonders kränkend hatte der Junge es empfunden, als der Vater sich nicht mehr an seinen Namen erinnern konnte. Lieber nicht mehr ins Heim gehen und den Vater besuchen, lieber nicht mehr sehen, wie sehr sich dieser verändert hatte – der Junge hielt es nicht mehr aus.

Obwohl schon mehrfach deutlich betont, wie wichtig die Kommunikation innerhalb der Familie ist, gibt es natürlich auch Kinder und Jugendliche, die sich verschließen und von den Erwachsenen einfach nur noch in Ruhe gelassen werden wollen. Sie wollen einfach nichts mehr vom Krebs hören. Diesen Wunsch sollten Eltern akzeptieren. Je mehr Sie ein Gespräch einfordern, desto abweisender wird Ihr Kind sein.

Versetzen Sie sich mal in die Lage eines Kindes, dessen Eltern geschieden sind (oder getrennt leben) und bei dem jetzt der Elternteil, bei dem das Kind lebt, Krebs bekommt. Wie würde es Ihnen in dieser Situation gehen? Vermutlich ziemlich schlecht. Für Scheidungskinder bringt die Krebserkrankung neben allen bereits aufgeführten Problemen in der Regel noch zusätzliche Belastungen mit sich.

Bei vielen betroffenen Kindern zeigt sich eine massive Verlustangst. Ein 17-jähriges Mädchen, dessen Eltern geschieden waren und die keinen Kontakt zu ihrem Vater hatte, klammerte sich vehement an die kranke Mutter. Diese konnte das starke Bedürfnis der Tochter, möglichst viel Zeit miteinander zu verbringen, in dieser Heftigkeit nicht nachvollziehen. In ihren Augen war die Tochter längst in einem Alter, in dem eine Loslösung altersgemäß war. Das Mädchen jedoch hatte massive Angst um die Mutter und auch um sich selbst. »Wenn sie sterben sollte, habe ich niemanden mehr«, so ihre Befürchtung.

Kinder von Alleinerziehenden sind während der Krebserkrankung eines Elternteils noch stärker belastet als Kinder aus intakten Familien.

Bei Alleinerziehenden fehlt in der Familie ein weiterer Erwachsener, der sich um den oder die Kranke und um das Kind kümmern kann. In so einer Familienkonstellation rutschen ganz schnell die Kinder in die Rolle der Erwachsenen. Kinder übernehmen neben der Schule auch noch im Haushalt die Pflichten der Erwachsenen, ältere Geschwister kümmern sich um die Kleinen und oft werden die Kinder zum einzigen Tröster und Ansprechpartner des erkrankten Elternteils.

Anregung Sorgen Sie für genug erwachsene Helferinnen und Helfer in der Familie. Damit entlasten Sie Ihr Kind. ▪

BEISPIEL Ein 17-jähriger junger Mann lebte, wenn seine geschiedene, kranke Mutter immer wieder für Wochen in die Klinik musste, allein zu Hause, versorgte den Haushalt, kümmerte sich um die Finanzen, erledigte Behördengänge und besuchte jeden Tag die Mutter im Krankenhaus. Die Schule kam bei diesen vielen Pflichten natürlich viel zu kurz. Das Jugendamt, das schon seit einiger Zeit eingeschaltet war, machte dem jungen Mann und seiner Mutter viele Hilfeangebote, doch vergebens. Die Mutter lehnte jede Hilfe ab, verließ sich ganz auf ihren Sohn und nahm dessen Überforderung gar nicht wahr. Seiner kranken Mutter gegenüber ganz loyal, konnte auch der junge Mann keine Unterstützung für sich annehmen. Hilfe zu akzeptieren, hätte für ihn bedeutet, der kranken Mutter in den Rücken zu fallen. ▪

Da Kinder von Alleinerziehenden oft viel Verantwortung für den kranken Elternteil tragen, fällt es ihnen besonders schwer, den Kranken allein zu Hause zurückzulassen und eigene Interessen zu verfolgen. Laurenz, ein 13-jähriger Junge, der bei seiner krebskranken Mutter lebte, bekam von dieser immer Vorwürfe zu hören, wenn er den getrennt lebenden Vater besuchte. Doch für Laurenz wurde es mit zunehmender Verschlechterung des Gesundheitszustandes seiner Mutter immer wichtiger, zu seinem Vater zu flüchten und dort wieder Kraft zu tanken. Leider waren für ihn die Besuche beim Vater stets mit einem schlechten Gewissen verbunden, die kranke Mutter zu vernachlässigen und sich nicht genug um sie zu kümmern. Das Kind fühlte sich stets zwischen beiden Eltern hin- und hergerissen. Der Vater versuchte zwar, dem Sohn die Schuldgefühle zu nehmen, doch am meisten hätte Laurenz entlastet, die Mutter hätte ihn verstanden und mit ihrer Zustimmung zum Vater gehen lassen.

Einige Kranke wollen am liebsten allein sein. Sie ziehen sich zurück und distanzieren sich von der Familie und von Freunden. Besonders bei Alleinerziehenden ist das für die Kinder eine schwierige Situation. Oft haben sie das Gefühl, einziger Ansprechpartner des Kranken zu sein.

Immer wieder wird mir von Kindern und Jugendlichen erzählt, wie sehr sie sich wünschen, die Mutter (oder auch der Vater) würde mehr Kontakte pflegen und trotz Krankheit auch mal wieder etwas unternehmen. Eine 14-Jährige formulierte den Wunsch, die Mutter möge »endlich mal wieder was für sich tun«. Sie hielt es kaum aus, miterleben zu müssen, wie sehr sich die Mutter von allen abkapselte und sich, auch äußerlich, immer mehr vernachlässigte. Ich glaube, vielen Kranken ist gar nicht bewusst, wie sehr sie ihre Kinder mit einem solchen Verhalten belasten.

▰ ▬ Wenn Veränderungen unvermeidlich sind

Besonders schwierig wird es, sowohl für die erkrankten, alleinerziehenden Eltern als auch für die Kinder, wenn die Krebserkrankung so weit fortgeschritten ist, dass es dem Kranken nicht mehr möglich ist, für die Kinder zu sorgen.

Annabelle, deren Eltern seit vielen Jahren geschieden waren und die bei ihrer Mutter lebte, beschreibt ausführlich, welcher enormen Belastung sie ausgesetzt war, als der fortschreitende Krankheitsverlauf ihrer Mutter einen Umzug zum Vater notwendig machte.

ANNABELLE (17) Vor einem Jahr fing es an, mit meiner Mama steil bergab zu gehen, sie hatte einen bösartigen Gehirntumor.

Entdeckt wurde dieser bereits vor drei Jahren im Sommer. Nach einer Operation glaubte ich, das Schlimmste überwunden zu haben, denn der Schock der Diagnose war groß. Die Operation schien helfend und rettend zu sein. Unser Leben als kleine Familie, bestehend aus meinem Bruder, meiner Mama, ihrem neuen Freund und mir, ging eigentlich recht normal weiter. Nur war da eben immer dieser Hintergedanke, der Gedanke, dass der Tumor wieder wachsen könnte und schlimme Auswirkungen auftreten könnten.

Bis auf erhöhte Vergesslichkeit und den Verlust mehrerer, vorher vorhandener Fähigkeiten, zum Beispiel das Lesen und Schreiben, ging es meiner Mama den Umständen entsprechend gut. Doch irgendwann merkte ich, dass sie anders wurde, sich veränderte. Sie vergaß alles sehr schnell, erinnerte sich an nichts mehr, wurde schusseliger, aggressiver und fing an, auf einmal schlecht zu sehen und auch zu laufen. Natürlich war mir sofort klar, woran das lang, doch ich versuchte, meine Angst auszublenden, die darin bestand, dass meine Mama ernsthaft krank werden könnte und ich sie gehen lassen müsste, denn ich wusste, dass man an dieser Krankheit sterben kann. Ich versuchte einfach, mir einzureden, dass diese Phänomene natürlich seien bei einer solchen Krankheit, und lenkte mich ab, vor allem mit Schule.

Doch als ich eines Tages mit meiner Mama im Auto saß und sie fast eine Frau umgefahren hätte, weil sie diese nicht sehen konnte, wurde mir bewusst, dass hier etwas nicht stimmen konnte. Wir gingen zum Arzt und die Diagnose war schockierend. Der Tumor hatte gestreut und war gewachsen. Nach mehreren Versuchen, diesen zu beseitigen, die leider alle nicht wirklich gefruchtet haben, ging es ihr von Tag zu Tag schlechter. Ich konnte richtig mit ansehen, wie sie langsam zum Kind wurde, sich das Blatt umdrehte, sie immer gebrechlicher und vergesslicher wurde und ich immer stärker und älter. Es war so schlimm, diese Veränderung mit anzusehen. Es fühlte sich so falsch an und ich war so traurig und ängstlich, denn es sah nicht gut aus.

Nachdem sie kaum noch laufen konnte, immer hinfiel, meinen Namen nicht mehr wusste und all ihre Fähigkeiten verlor, stand sie eines Tages nicht mehr aus dem Bett auf.

Das war der Punkt, an dem mein Vater beschloss, meinen Bruder und mich zu sich zu holen. Er gab sein Loft und seine Arbeit, also sein altes Leben, für uns auf und zog mit seiner neuen Frau in ein Haus ganz in der Nähe. Weil er sah, dass es meinem Bruder und mir immer schlechter ging und wir diesem Druck einfach nicht mehr standhalten konnten, holte er uns zu sich. Doch diese Entscheidung war anfangs nicht ganz leicht für mich. Ich bin eine Kämpferin und war mir von Anfang an bewusst, dass ich so lange bei der Mama bleiben und aushalten würde, bis ich wirklich nicht mehr konnte und unter dem Druck zusammenbrechen würde. Meine Verzweiflung wuchs und alles zerrte an meinen Nerven. Ich ging »auf dem Zahnfleisch« und brach mehrmals, auch in der Schule, einfach so in Tränen aus.

Diese Situation überforderte mich total und es ist einfach so unbeschreiblich schlimm zu sehen, wie die eigene Mutter im Bett liegt, nicht mehr laufen kann, nicht mehr essen kann, und wenn allen klar ist, dass sie bald sterben wird. Ich hatte Angst, sie dort allein zu lassen, und auch Angst davor, dass ich sie damit total verletzte. Ich hatte immer das Gefühl, dass sie die Trennung von meinem Papa nie wirklich verkraftet hatte, und wenn sie nun auch noch ihre Kinder an ihn »verlieren« musste ...

Ich hatte ein so schlechtes Gewissen, und dazu kam noch die Angst, dass sie sich vielleicht etwas antun könnte. Sie war so verzweifelt und kam mit der Situation ja selbst kaum klar. Ich hatte immer das Gefühl, dass wir, also mein Bruder und ich, ihr immer so ein bisschen Energie gegeben hatten. Einen Grund mehr, nicht aufzugeben. Und wenn diese Energie dann plötzlich fehlt? Was passiert dann?

Doch im Endeffekt ging meine Gesundheit vor. Ich entschied mich, es mal bei meinem Papa zu probieren, denn ich hatte diesen Geruch von Angst und Verzweiflung und Tod so satt und brauchte mal eine andere Umgebung. Allerdings fühlte ich mich anfangs dort nicht »zu Hause«, musste immer an Mama denken und besuchte sie auch tagtäglich. Immer wenn ich sie verlassen musste, weinte sie bitterlich, und das brach mir noch zusätzlich das Herz. Doch für mein Wohlbefinden war es eindeutig die beste Entscheidung, jetzt beim Papa zu leben. Und ich habe mir von Anfang an geschworen, dass ich das nicht bereuen werde. Ich war wirklich so weit, dass ich nicht mehr konnte. Es ging einfach nichts mehr und dieser Umzug war für mich die letzte Chance.

In dieser ganzen Zeit hätte ich mir von der Seite meiner Mama aus einfach mehr Verständnis gewünscht. Ich bin mir sicher, dass sie auch an uns gedacht hat und verstand, warum wir gingen. Doch es fiel mir so schwer, sie gehen zu lassen und auch mein altes Zuhause und damit einen Lebensabschnitt hinter mir zu lassen. Immerhin war ich dort aufgewachsen. Eine Aussprache wäre so wichtig gewesen.

Auch von dem Freund meiner Mutter und meinen Großeltern hätte ich mir mehr Verständnis gewünscht. Ich wurde doof von der Seite angeschaut und mir wurde vorgeworfen, dass ich meine Mama alleinlassen würde. Diesen Vorwurf konnte ich kaum ertragen, ich habe wirklich alles für meine Mama getan, was ich konnte.

Aufgrund des großen Leidens meiner Mama schaute keiner mehr auf mich, auf das Kind, das unter der Situation genauso ächzt und zerbricht. Und dafür appelliere ich an jeden: Öffnet die Augen für eure Kinder! Denn keiner vermag zu verstehen, was so etwas mit einem Kind anrichtet.

Annabelle schreibt, wie schwer es ihr anfangs fiel, sich im neuen Zuhause einzuleben, obwohl sie weiterhin in ihre bisherige Schule gehen konnte und auch ihr Freundeskreis unverändert blieb. Für einige Kinder macht der Umzug zum anderen Elternteil auch einen Schulwechsel erforderlich. Sie verlieren nicht nur ihr Zuhause, sondern auch ihren Freundeskreis, die Klassenkameraden, vertraute Lehrer, ihre Sportkameraden und vieles mehr. Es ist eine mehrfache Belastung, die auf diese Kinder zukommt, auch wenn der Umzug zum Vater (oder der Mutter) oft der einzige und beste Ausweg aus einer schwierigen Situation ist.

Kinder, die den kranken Elternteil zurücklassen müssen und zum anderen Elternteil ziehen, geraten in einen großen Loyalitätskonflikt. Alle Liebe und alle Fürsorge gelten dem kranken Elternteil – und doch ist irgendwann der Punkt erreicht, an dem ein Zusammenleben nicht mehr möglich ist. Die kranke Mutter (oder manchmal auch der kranke Vater) wird »im Stich gelassen«, so empfinden es die Kinder, auch wenn sie spüren, dass es so wie bisher nicht weitergehen kann. Die Entscheidung, zum gesunden Elternteil zu ziehen, scheint vernünftig – und fällt doch so schwer. Die Kinder wenden sich jetzt nicht nur dem anderen Elternteil zu, sondern manchmal auch dessen »neuer« Familie.

Diese schwierige Situation braucht von allen Seiten viel Ver- ständnis und vor allem auch Zeit, sich an die neue Familienkonstellation zu gewöhnen. Idealerweise unterstützt der oder die Kranke das Kind und lässt es zum geschiedenen Partner ziehen, doch häufig verhindern dies alte Verletzungen oder auch die eigene Bedürftigkeit, die die Krebserkrankung mit sich bringt. Kinder entlastet es, wenn sie den kranken Elternteil in guter Obhut wissen und sie selbst aus ihrer bisher getragenen Verantwortung entlassen werden.

Sehr schwierig ist es für die betroffenen Kinder, wenn kranke Eltern nicht einsehen wollen, dass sie nicht mehr in der Lage sind, für ihr Kind zu sorgen. Für viele bedeutet dieses Eingeständnis auch, endlich die eigene Krebserkrankung realistisch einzuschätzen, anzuerkennen, was ihnen jetzt zu leisten nicht mehr möglich ist, und sich möglicherweise auch mit dem bevorstehenden Tod auseinandersetzen zu müssen.

Kindern wird es unendlich schwer gemacht, den kranken Elternteil zu verlassen, wenn dieser ihnen vorwirft, sie würden ihn im Stich lassen und nur für das eigene Wohlbefinden sorgen. In einigen, zum Glück wenigen Fällen äußern Eltern sogar Suizidandrohungen, wenn die Kinder sie verlassen sollten. Hier sind die gesunden Elternteile gefordert, für ihr Kind und dessen Wohl zu sorgen, manchmal entschieden gegen den Willen des Kranken.

Idealerweise suchen alle Betroffenen das gemeinsame Gespräch, wenn sich abzeichnet, dass ein Kind zum anderen Elternteil umziehen muss. Können alle über ihre Gefühle, die diese Situation erzeugt, miteinander reden, ist das entlastend. Gemeinsam kann dann die bestmögliche Lösung für alle, Kinder und Erwachsene, gefunden werden.

Anregung Sagen Sie Ihrem Kind deutlich, dass es durch den Umzug den kranken Elternteil nicht im Stich lässt. Übernehmen Sie als Erwachsener die Verantwortung für diese Entscheidung. ■

Ist der Fall umgekehrt, also der Elternteil an Krebs erkrankt, bei dem das Kind nicht lebt, so ist es trotzdem wichtig, das Kind über die Krankheit zu informieren. Das Kind sollte die Möglichkeit haben, den kranken Elternteil zu besuchen, so oft es will und es auch für den Kranken passend ist. Bestehende Besuchsregelungen sollten im Zweifelsfall außer Kraft gesetzt werden. Das Kind sollte dem eigenen Bedürfnis entsprechend die Gelegenheit haben, den kranken Elternteil zu sehen, um angemessen Zeit miteinander verbringen zu können.

Auf eine besondere Weise durch die Krebserkrankung betroffen sind adoptierte Kinder. Sie haben schon einmal erlebt, dass sie von ihren Eltern verlassen wurden. Die Krebserkrankung oder der Tod eines »neuen« Elternteils löst hier besonders starke Verlustängste aus.

BEISPIEL Christina kannte ihren leiblichen Vater nicht. Die Mutter hatte einen anderen Mann geheiratet, als Christina drei Jahre alt war, und Christina wurde von diesem adoptiert. Das Mädchen nannte den »neuen« Mann »Papa« und die beiden hatten ein herzliches Verhältnis. Weitere Kinder gab es nicht.
Als Christina 13 Jahre alt war, starb ihre Mutter nach jahrelanger Krebserkrankung. Obwohl die Beziehung zu ihrem Papa immer gut war und er Christina auch während der Erkrankung der Mutter immer sehr liebevoll und fürsorglich unterstützt hatte, überfielen das Mädchen auf einmal Zweifel und Ängste. Nach dem Tod der Mutter befürchtete sie, nun doch vom Papa »weggegeben« zu werden. Sie war ja nur die »Schwiegertochter«, vielleicht wollte er sie jetzt doch loswerden?

Christina benötigte mehrfach die Bestätigung ihres Vaters, dass sie zusammengehörten und er sie nicht im Stich lassen würde. Zum Glück hatten beide schon während der Erkrankung der Mutter gelernt, offen und ehrlich miteinander zu reden; jetzt konnte Christina auch ihren Ängsten verbal Ausdruck verleihen. ▪

In einigen Fällen können Ärzte von Beginn der Diagnose an keine Hoffnung auf Heilung machen. Der Krebs ist bereits zu weit fortgeschritten, die Therapie kann nur eine palliative Maßnahme sein. Auch in dieser Situation dürfen Kinder nicht belogen werden. Bitte machen Sie als Eltern keine Versprechen, die Sie nicht halten können. Sprechen Sie an, dass der Krebs zum Tode führen wird. Manche Kinder realisieren diese Information und lernen, damit zu leben, andere verdrängen die schreckliche Wahrheit und tun so, als würden Mama oder Papa auf alle Fälle wieder gesund.

BEISPIEL Die zwölfjährige Lara war seit Langem darüber informiert, dass ihre Mutter unheilbar an Krebs erkrankt war. Seit fünf Jahren war das Mädchen Zeugin, wie sich der Gesundheitszustand ihrer Mutter zunehmend verschlechterte. Immer wieder war die Mutter im Krankenhaus, wurde mehrfach operiert, wurde immer dünner. Doch Lara gab sich stets optimistisch, behauptete, nicht ans Sterben der Mama zu denken, das sei ja gar kein Thema, so ihre Aussage. Informationen über Operationen oder Therapien wollte Lara nicht bekommen, sie meinte, sie wisse ja schon alles.

Das Mädchen versuchte mit aller Kraft, den wirklichen Gesundheitszustand ihrer Mutter zu ignorieren, und verleugnete die Realität. »Die Mama wird mindestens achtzig Jahre alt«, das betonte sie immer wieder. Es schien fast, als müsse sie sich das selbst immer wieder einreden, um daran glauben zu können. Die Eltern bestätigten ihre Tochter nicht in ihrer Aussage, respektierten aber das Bemühen des Mädchens, sich die Hoffnung zu bewahren. Für Lara war ihr Verdrängen die einzige

Möglichkeit, die Situation auszuhalten. Das Mädchen schützte sich vor der Wahrheit.

Nachdem Lara seit einigen Wochen zu mir in die Therapie kam, platzte in einer Stunde, in der auch ihr Vater anwesend war, plötzlich der Knoten. Lara konnte endlich ihre Haltung des Nicht-wahrhaben-Wollens aufgeben und über ihre große Angst vor dem Sterben der Mutter reden. Sie gestand ein, dass diese Angst schon seit Jahren in ihr gewesen war. Trotz vieler Tränen war es für das Kind jetzt sehr erleichternd, darüber zu reden und sich vom Vater trösten zu lassen. ∎

Trotz aller Appelle für Offenheit im Umgang mit der Krankheit ist es wichtig zu respektieren, wenn ein Kind die Wahrheit verdrängt. Laras Geschichte zeigt, dass manche Kinder (und auch viele Erwachsene) ihre ganz persönliche Zeit brauchen, um sich der Realität zu stellen und sie anzuerkennen. Dies sollte von allen respektiert werden.

Anregung Setzen Sie Ihr Kind nicht unter Druck, sich einer Realität zu stellen und Gefühle zuzulassen, wenn es dafür noch nicht bereit ist. ∎

Viele Krebskranke leben jahrelang in einem Wechselbad von Hoffnung und Enttäuschung. Operationen und Therapien helfen zunächst und geben Hoffnung und dann taucht doch irgendwann wieder ein neuer Krebsherd auf. Leider müssen einige Patienten irgendwann hören, dass sie »austherapiert« seien, die Medizin ihnen nicht mehr helfen könne.

Einige Kranke sind auch irgendwann von allen Therapien so erschöpft, dass sie weitere Maßnahmen ablehnen. Sie akzeptieren, dass es für sie keine Heilung mehr gibt, und wollen die verbleibende Lebenszeit nicht durch eine weitere Chemotherapie mit allen damit verbundenen Nebenwirkungen oder eine neuerliche Operation belasten. Gerade dann, wenn sie sich zu einem Therapieabbruch oder gegen eine weitere Maßnahme entscheiden, ist es wichtig, mit den Kindern über ihre Beweggründe zu sprechen. Ich glaube, Kinder und Jugendliche können mit einer solchen Entscheidung nur dann ihren Frieden schließen, wenn sie verstehen, warum sich die kranke Mutter oder der kranke Vater so entschieden hat.

Eine Mutter, die keine weitere Chemotherapie wollte, teilte mir ihre Sorge mit, ihr 14-jähriger Sohn könne sich zu einem späteren Zeitpunkt Vorwürfe machen, die Mutter nicht umgestimmt, sie nicht genug zum Durchhalten und Kämpfen motiviert zu haben. In einem berührenden Gespräch erklärte sie ihm, dass auch eine weitere Chemotherapie den Krebs nicht würde stoppen können und dass sie zu erschöpft sei, um sich einer weiteren Therapie mit allen verbundenen Nebenwirkungen auszusetzen.

Wichtig ist, dass Kinder und Jugendliche die Beweggründe der Eltern verstehen, wenn diese sich gegen die Fortsetzung einer Behandlung entscheiden.

Gleiches gilt für Kranke, die sich von Anfang an gegen die Schulmedizin entscheiden und eine alternative Behandlung vorziehen. Viele Erwachsene aus dem familiären und sozialen Umfeld der Familie haben für eine solche Entscheidung wenig Verständnis und verhehlen ihre Meinung diesbezüglich auch nicht gegenüber den Kindern der Kranken. Die Botschaft, die bei den Kindern ankommt, ist dann: »Deine Mutter (oder dein Vater) tut nicht alles, um wieder gesund zu werden.« Fatal für Kinder, so etwas zu hören. Es öffnet Tür und Tor für Überlegungen, warum die Eltern nicht alles tun, um den Krebs zu besiegen, und lässt die Frage aufkommen, ob man

den Eltern denn nicht wichtig genug sei, um wieder gesund
werden zu wollen.

Auch hier hilft nur von Anfang an ein Gespräch, in dem
die Eltern ihrem Kind ausführlich schildern, warum sie sich zu
welcher Behandlungsmethode entschlossen haben. Kinder sind
damit überfordert, sich selbst ein Bild über verschiedene Formen
der Behandlung zu machen. Sie sind darauf angewiesen, erklärt zu
bekommen, dass sich ihre Eltern für die bestmögliche Alternative
entschieden haben und dieser Methode am meisten vertrauen.

Ich erinnere mich noch gut an die Aussage eines siebenjähri-
gen Mädchens: »Die Mama will keine Hormontherapie machen,
aber die Ärzte sagen doch, sie muss.« Wie geht es wohl einem
Kind mit diesem Wissen, die Mama will etwas nicht tun, von
dem die Ärzte sagen, es müsse sein? Warum will die Mutter denn
nicht alles tun, um wieder gesund zu werden? Was kann eine
Siebenjährige überhaupt mit dem Begriff »Hormontherapie«
anfangen? Vermutlich nichts. Leider wurde dem Mädchen zu
Hause nichts erklärt, sie war immer nur Zuhörerin, wenn die
Mutter ihren Freundinnen ihr Leid klagte.

Manche kranke Eltern haben die Vorstellung, sie müssten
jetzt, angesichts ihrer schlechten Prognose, »vorab« ihr Kind
perfekt erziehen. »Ich muss jetzt alles an Erziehung leisten, wo-
für später keine Zeit mehr bleibt«, so ihre Vorstellung. Oft
geht dieses große Maß an Erziehung einher mit viel Strenge
und Disziplin. Doch Kinder, deren Eltern unheilbar erkrankt
sind, brauchen Liebe und Zuwendung und kein Maximum an
Erziehung. Natürlich brauchen Kinder Grenzen und Regeln,
auch wenn ein Elternteil krank ist, aber wie schade, wenn sich
ein Kind nur noch an die Strenge des mittlerweile verstorbenen
Vaters erinnert statt an seine Liebe.

Eine Mutter erzählte mir, wie sich ihr fünfjähriger Sohn zunehmend vom kranken Vater distanzierte. Der kranke Ehemann wurde immer strenger im Umgang mit seinem Sohn und fand kaum noch ein liebevolles Wort für das Kind. Die einzige Möglichkeit für den Jungen, mit der Strenge des Vaters umzugehen, war, Distanz zu ihm zu wahren. Doch wie traurig, dass die verbleibende Lebenszeit des Vaters nicht anders genutzt werden konnte.

▪ ▪ Sagen, was zu sagen ist

Wenn es absehbar ist, dass die Krebserkrankung fortschreitet und ein Elternteil sterben wird, muss mit Kindern darüber gesprochen werden. Leider wird dies in der Hälfte der Fälle nicht getan. Aber dieses Schweigen hilft den Kindern nicht. Kinder und Jugendliche müssen darüber informiert werden, wenn sich abzeichnet, dass ein Elternteil sterben wird. Das gibt ihnen die Zeit, die sie brauchen, um sich auf den Abschied vorzubereiten.

Anregung Auch wenn es schwerfällt: Informieren Sie Ihr Kind rechtzeitig über den bevorstehenden Tod der Mutter oder des Vaters. ▪

Wie auch in dem Gespräch über die Krebsdiagnose sollten Eltern für das Gespräch, in dem sie ihr Kind auf den zu erwartenden Tod vorbereiten, einen ruhigen Rahmen wählen und genügend Zeit haben. Sagen Sie von Anfang an, dass Sie keine guten Nachrichten haben und etwas Trauriges erzählen müssen. Ein Kind spürt den Ernst der Situation und es belastet unnötig, wenn Eltern lange um den heißen Brei herumreden. Wählen Sie klare Worte; sagen Sie, dass der Kranke bald sterben wird.

Machen Sie keine falschen Hoffnungen. Zeigen Sie Ihre Traurigkeit – das empfindet ein Kind als »Erlaubnis«, auch seine
Gefühle zu zeigen. Es ist völlig normal, in diesem Gespräch zu
weinen – für alle.

Auf die Ankündigung des bevorstehenden Todes eines Elternteils reagieren Kinder in aller Regel heftig: Weinen, Wut-
ausbrüche, Nicht-wahrhaben-Wollen – das alles kann passieren und ist völlig normal. Kinder drücken oft viel offener ihre
Emotionen aus als Erwachsene. Eltern sollten versuchen, die
Gefühlsausbrüche auszuhalten und ihnen Raum zu geben. Das
Kind braucht die Bestätigung, dass seine Reaktionen normal
und in Ordnung sind. Und Eltern sollten dabei nicht auf die Idee
kommen, ihrem Kind zu sagen, es müsse jetzt stark und tapfer
sein. Damit würden sie an das Kind appellieren, seine Gefühle
zu verdrängen. Das hilft einem Kind nicht weiter.

Bei kleineren Kindern ist es wichtig, noch einmal deutlich zu
betonen, dass die Ärzte alles getan haben, um die Mama oder
den Papa wieder gesund zu machen. Es darf kein Raum für die
Überlegung bleiben, ob wirklich alle alles Mögliche getan haben,
um zu helfen. Und: Es muss dem Kind klargemacht werden,
dass niemand Schuld hat am Tod.

Gerade kleinere Kinder wollen wissen, wohin der Tote denn
gehen wird. Das müssen Eltern so beantworten, wie es zu ihrer
Überzeugung, zur bisherigen Erziehung passt und für sie persönlich stimmig ist. Weit verbreitet ist natürlich die Vorstellung,
dass die Toten in den Himmel (für viele: zum lieben Gott) kommen. Viele erklären ihren Kindern (im Kindergartenalter), die
tote Mama oder der tote Papa sei jetzt ein Engel. Ich glaube,
solche Bilder sind für Kinder hilfreich. Ein Vater erzählte mir,
seine vierjährige Tochter würde oft die verstorbene Mama als

Engel durch den Garten fliegen sehen. Aber Glaubensfragen muss jeder für sich entscheiden.

Es gibt zahlreiche Bilderbücher, in denen Sterben und Tod thematisiert wird. Für viele Eltern ist der Einstieg in das Gespräch mit ihren kleinen Kindern leichter, wenn über die Geschichte im Buch zur Situation der Familie übergeleitet werden kann.

Literaturempfehlung Ein Buch, das mir besonders gut gefällt, heißt *Abschied von der kleinen Raupe* (von Heike Saalfrank und Eva Goede). Es wird die Geschichte einer Freundschaft zwischen einer kleinen Raupe und einer kleinen Schnecke erzählt. Eines Morgens erscheint die Raupe nicht mehr. Die kleine Schnecke ist traurig und bekommt von einer alten, weisen Schnecke erklärt:»Schmatz (so heißt die kleine Raupe) ist gestorben ... Das heißt, dass für sie ein anderes Leben angefangen hat, an einem anderen Ort. Sie ist nicht mehr hier und wird auch nie mehr wiederkommen. Niemand weiß, wo dieser Ort ist, auch ich nicht. Das Einzige, was ich weiß, ist, dass er sehr schön ist und dass es ihr dort gut geht.« Am Ende des Buches wird dann noch erzählt, dass die Raupe Flügel bekommen und sich in einen Schmetterling verwandelt hat.

Das Buch besticht durch schöne farbige Zeichnungen, und die Erklärung, was»Sterben« ist, erscheint mir sehr kindgerecht. Die Verwandlung der Raupe in einen Schmetterling haben einige Familien, mit denen ich Kontakt hatte, als Beispiel genommen, um ihren kleinen Kindern zu erklären, dass sich die verstorbene Mutter oder der verstorbene Vater jetzt in einen Engel verwandelt hat. ■

Immer wieder wird mir die Frage gestellt, wann der richtige Zeitpunkt ist, um Kinder über den zu erwartenden Tod eines

Elternteils zu informieren. Das ist allerdings pauschal schwer zu beantworten. Mein Rat ist: lieber etwas früher als zu spät. Wird zu lange gezögert, dem Kind die Wahrheit zu sagen, wird Zeit verschenkt, Zeit, die noch bewusst miteinander verbracht werden kann und um Abschied zu nehmen.

▰ ▰ Nähe »tanken«

Gerade bei Jugendlichen, die über den bevorstehenden Tod eines Elternteils informiert sind, höre ich immer wieder den starken Wunsch, mit der kranken Mutter oder dem kranken Vater noch gute und lange Gespräche zu führen. Ganz intensiv wollen sie die verbleibende Zeit nutzen, ganz stark ist ihr Bedürfnis, noch vieles zu sagen und zu hören. Doch oft verbleibt keine Zeit mehr für solche Gespräche, viele Kranke sind im Endstadium der Krebserkrankung dazu nicht mehr in der Lage. Für die Familienmitglieder bleibt dann oft unklar, wie viel zum Kranken wirklich noch durchdringt. Deshalb ist es wichtig, früh genug über den zu erwartenden Tod zu sprechen, damit Kranke und Kinder noch bewusst die Zeit miteinander haben.

Leonie schildert, wie wichtig es für sie war, mit ihrer Mutter auch in den letzten Lebenstagen so viel Zeit wie möglich zu verbringen. Aus Gesprächen mit ihrem Vater weiß ich, dass er manchen Vorwurf aus seinem sozialen Umfeld zu hören bekam, weil er Leonie so viel Zeit im Krankenhaus bei der sterbenden Mutter verbringen lies. Doch Leonies Text ist Bestätigung, dass dies die genau richtige Entscheidung für das Mädchen war.

LEONIE (14) Ich möchte ein normales Leben führen, wie jeder andere auch! Meine Mutter hatte Krebs, die schlimmste, schrecklichste und fürchterlichste Krankheit der ganzen Welt!!

Am Anfang redete ich viel über die Krankheit, schloss mich in dieser Welt ein! »Meine Mama hat Krebs« – nur noch das war in meinem Kopf. Ich dachte fast nur noch daran! Ich wurde schnell ungeduldig und auch aggressiver mit anderen Leuten in meiner Umgebung, die für meine Situation nichts konnten. Natürlich war das für die Leute nicht besonders toll! Verständlich! Aber diese Situation war neu und extrem schwer zu leben und zu verkraften! Denn meine Mutter war auf der Intensivstation, man ließ mir die Wahl, ob ich sie sehen wollte oder nicht, aber ich konnte sie nicht besuchen. Ich entschied mich für Nein, es war schwer, doch ich wollte sie schön, lebendig und fröhlich in Erinnerung behalten, ich wollte sie nicht in so einem schrecklichen Zustand sehen, obwohl ich wusste, dass sie sehr wahrscheinlich bald sterben würde ...

Doch meine Mutter hatte die Operation halbwegs gut überstanden. Als sie von der Intensivstation wegkam (ich weiß nicht mehr genau, wie lange sie auf der Intensivstation lag, aber es kam mir wie eine halbe Ewigkeit vor), hatte ich mich allmählich, so gut es ging, an diese abscheuliche Krankheit und die Situation, an das mühsame Leben gewöhnt: Kochen war schwer geworden, das Einkaufen und andere Sachen, die dann auf einmal nicht mehr selbstverständlich waren.

Ich änderte mich auch etwas: Ich hatte es satt, unglücklich zu sein, ich wollte wieder ein normaler Mensch sein, ich wollte wieder lachen, glücklich und fröhlich sein!

Das gelang mir auch halbwegs, ich lachte wieder, hatte mehr Spaß, telefonierte wieder mehr und traf mich wieder öfter mit meinen Freundinnen. Das war, glaube ich, eine Art Schutz!

Ich wollte einfach dieses ganze Leid, diese ganze Furcht, diese ganze Angst und diese ganze Trauer aus meinem Kopf wegkehren, es in einen kleinen Schrank sperren und diesen Schrank nie aufmachen!! Aber natürlich war dieser Schrank immer noch da und ging, ohne dass ich ihn selbst aufmachte, gelegentlich von selbst auf! Ich dachte wieder an die Krankheit, dachte über den Tod und das Leben nach – das Leben ist nämlich ungerecht und das wird es bleiben! Ich dachte darüber nach, warum gerade wir solch einen Schicksalsschlag haben sollten und nicht andere Leute! Warum wir?!

Ich wurde viel öfter krank. Im Winter steckte ich mich bei jeder Kleinigkeit an, obwohl ich doch früher allerhöchstens einmal im ganzen Jahr krank war. Klar, dieser Winter war extrem lang und kalt, aber ich glaube, dass es durchaus auch daher kam, dass ich viel häufiger traurig war als früher. Das war natürlich keine große Hilfe für uns (das Krankwerden), denn in der Zeit, in der ich krank war, durfte ich nicht zu meiner Mama, denn sobald sie sich ansteckte, war sie in noch größerer Lebensgefahr, als sie sonst schon war.

Umso schlimmer war es, weil wir uns nicht viel zu Gesicht bekamen. Mein Stundenplan war ziemlich gefüllt, zweimal in der Woche endete er erst um 17 Uhr und den Rest der Woche auch nicht viel früher. Danach hatte ich noch eine Stunde Rückfahrt und natürlich noch Hausaufgaben. Wenn ich dann noch telefonierte, sahen wir uns nur beim Abendessen. Ich wusste, dass das nicht gut war, dass ich telefonierte, aber ich brauchte das, um ein Stück Normalität wieder in mein Leben zurückzubringen.

Ich hatte natürlich auch ein schlechtes Gewissen meiner Mama gegenüber, was dazu führte, dass ich das Telefonieren einstellte und eigentlich kaum noch zum Hörer griff. Wenn meine Freunde was von mir wollten, fasste ich mich kurz oder ging gar nicht erst ran, weil ich gerade mit meiner Mutter Zeit verbrachte. Das waren, glaube ich, die schönsten Stunden, die ich in den letzten sechs Monaten hatte. Natürlich wusste ich, dass ihr Leben sich seinem Ende näherte, doch sehen wollte ich es nicht, ich habe es verdrängt und habe versucht, noch eine tolle Zeit mit ihr zu verbringen!

Als es ihr ganz schlecht ging, fuhr ich jeden Tag ins Krankenhaus und blieb dort einige Stunden. Man könnte meinen, dass es dort auf der Intensivstation die schlimmste Zeit der Krankheit war, doch es war, glaube ich, eine der schönsten Phasen. Wir redeten über alltägliche Dinge, was gerade in der Zeitung stand, spielten »Stadt, Land, Fluss« und schliefen, aber wir sprachen auch über das Sterben. Meine Mama war die Einzige, die stark war und nicht weinte. Ich brach natürlich in Tränen aus, und auch als mein Vater da war, kullerten ihm Tränen über seine Wangen.

Doch könnte ich jetzt nach ihrem Tod die Zeit noch einmal zurückdrehen, dann würde ich anders handeln, zum Beispiel nicht telefonieren. Dann wäre ich der glücklichste Mensch der Welt!!

▪ ▪ Bewusst Abschied nehmen

Ganz schwierig ist es, jüngeren Kindern den bevorstehenden Tod eines Elternteils zu vermitteln, wenn der Kranke selbst die Tatsache verdrängt und nicht darüber sprechen will. Wie soll einem Achtjährigen erklärt werden, dass sein Vater bald sterben wird, wenn sich dieser optimistisch gibt, über das Sterben zu reden für ihn tabu ist? Einem Kind zu sagen, der Papa wird bald sterben, aber du darfst nicht darüber sprechen, das

geht auf gar keinen Fall. Kinder dürfen nicht zum Träger von
Geheimnissen werden.

Grundsätzlich sollte man keinem Kind Hoffnung auf Heilung machen, wenn diese definitiv nicht mehr zu erwarten ist. Oft wird jedoch vermieden, mit dem Kind offen über dieses heikle Thema zu sprechen. Es ist nachvollziehbar, wie unendlich schwer ein solches Gespräch für Eltern ist, doch ich kann aus meiner Erfahrung versichern: Die Kinder spüren, wenn der Tod eines Elternteils zu erwarten ist. Immer wieder ermutige ich Eltern, ihrem Kind zu sagen, dass die Mama oder der Papa bald sterben wird, und fast immer bekomme ich dann bei unserem nächsten Treffen etwas in der Art erzählt wie: »Stellen Sie sich vor, jetzt habe ich meinem Sohn endlich gesagt, dass sein Papa bald sterben wird, und da sagt er nur, das habe er sich sowieso schon gedacht.« Solche Aussagen können vielleicht wenigstens ein kleines bisschen die Angst vor einem solch schwierigen Gespräch nehmen. Für Kinder ist es viel belastender, wenn sie spüren, dass der Tod der Mutter oder des Vaters bevorsteht, und dies nicht angesprochen wird. Auch hierzu ein Beispiel:

BEISPIEL Bereits bei unserem ersten Treffen vertraute mir der achtjährige Ferdinand an, er habe wenig Hoffnung, dass seine Mutter, seit mehreren Jahren an Krebs erkrankt und zum Zeitpunkt unseres Treffens bereits in der Endphase der Erkrankung, wieder gesund werden würde. Der Junge glaubte allerdings, der Einzige in der Familie zu sein, der den bevorstehenden Tod der Mutter spüre. Sowohl der Vater als auch die jüngere Schwester (fünf Jahre alt) schienen ihm an ein Gesundwerden der Mutter zu glauben. Ferdinand fühlte sich mit seiner Vorahnung sehr allein gelassen in der Familie.

Als der Vater endlich mit dem Kind offen über den zu erwartenden Tod der Mutter sprach, bekam Ferdinand Bestätigung für sein Gefühl, empfand sich nicht mehr allein damit und konnte mit dem Vater und der kleinen Schwester gemeinsam weinen. Vor allem konnte er jetzt ganz bewusst die noch verbleibende Zeit mit seiner Mama verbringen und sich wenige Tage später auch von ihr verabschieden. ▪

Es ist nicht zu unterschätzen, wie wichtig auch für Kinder ein bewusstes Abschiednehmen ist. Isabelle, zwölf Jahre alt, besuchte ihre Mutter jeden Tag im Hospiz und erzählte mir:»Ich sage ihr oft, dass ich sie lieb habe, weil ich nicht will, dass sie stirbt, ohne dass sie das weiß.« Nach einiger Zeit hatte Isabelle das Gefühl, jetzt sei wirklich alles gesagt, und sie entschied sich, jetzt nicht mehr ins Hospiz zur Mutter zu gehen. Das Mädchen hatte das Gefühl:»Mehr Abschiednehmen geht nicht. Alles ist gesagt, die Mama kann jetzt sterben.« Dieses Gefühl, alles Wichtige dem sterbenden Elternteil noch gesagt zu haben, hilft den Kindern später in ihrer Trauer.

Idealerweise sagen auch sterbende Eltern ihren Kindern, wie sehr sie sie lieben und wie stolz sie auf sie sind. Bekommt ein Kind so etwas von der Mutter oder dem Vater mit auf seinen Lebensweg, so ist dies ein riesiges Geschenk, von dem ein Kind sein Leben lang zehren wird.

Lena, ein elfjähriges Mädchen, lernte ich fünf Tage nach dem Tod der Mutter kennen. Ich war sehr beeindruckt von dem Kind, das, neben aller Trauer, auch eine große Zuversicht ausstrahlte. Lena erzählte mir, die Mama (neun Jahre lang erkrankt) habe ihr unendlich oft gesagt, sie dürfe und solle trotz der Erkrankung der Mutter und ihres frühen Todes in ihrem Leben glücklich werden. Ich hatte den Eindruck, diese Botschaft hatte Lena verinnerlicht und sie half ihr auch in ihrer Trauer und Verzweiflung über den Tod der Mutter.

Ja, es scheint viel verlangt, so offen über den eigenen, bevorstehenden Tod mit seinem Kind zu reden, und doch ist es für die ganze Familie eine Chance, die noch verbleibende Zeit sinnvoll zu gestalten, noch das zu sagen, was man sagen möchte, noch einmal ganz intensiv Nähe miteinander zu erleben.

In allen Beiträgen, die die Kinder, Jugendlichen und jungen Erwachsenen zu diesem Buch geschrieben haben, wird deutlich, wie sehr sie Informationen und Ehrlichkeit im Umgang mit der Krebserkrankung eines Elternteils schätzen; dies gilt auch dann, wenn es über den Abschied zu sprechen gilt.

VINCENT (22) Angefangen hat alles, als ich acht Jahre alt war: Bei meiner Mutter wurde Brustkrebs in weit fortgeschrittenem Stadium diagnostiziert. Die Situation war sehr kritisch, das habe ich als kleiner Junge jedoch so nicht mitbekommen. Das Einzige, was ich damals mitbekam, war, dass meine Eltern sehr selten zu Hause waren und ich viele Nachmittage bei einer befreundeten Familie verbrachte.

Die Behandlung glückte, und so verbrachte unsere Familie – meine Eltern, meine ältere Schwester und ich – zusammen sieben gesunde und glückliche Jahre, die allerdings stets von der Angst geprägt waren, es könnten sich Metastasen bilden. Als ich 15 war, ist es dann auch geschehen. Es war ein Riesenschock für die Familie. Und diesmal war ich alt genug, um zu begreifen, dass es nur noch eine Frage der Zeit war, bis wir meine Mutter verlieren würden. Jedes Untersuchungsergebnis war nun immer ein wenig schlechter als das vorherige. Ich konnte es kaum ertragen. Mit der Zeit stumpften meine Gefühle aber ab und alles Empfinden verschwand unter einem erträglichen grauen Dunst.

Das einzige wirklich intensive Gespräch mit meiner Mutter während der zweiten Krankheitsphase ist eines der wenigen Dinge, an die ich mich auch heute noch festklammern kann. Damals sagte sie, dass sie, wenn sie sterben werde, das selbstbestimmt tun und nicht auf den Tod warten würde, ohne bei klarem Bewusstsein zu sein. Auch wenn es sehr hart war, das zu hören – ich rechne es ihr hoch an, Klartext geredet zu haben, und konnte ihre Beweggründe verstehen.

Nach ungefähr drei Jahren mehrten sich die Anzeichen, dass es nun nicht mehr lange gut gehen konnte. Meine Mutter war eine sehr starke Persönlichkeit, und so hörte sie erst auf zu arbeiten, als sie wirklich nicht mehr konnte. Ein paar Wochen später hörte sie auf zu essen, vermutlich drückten die Metastasen auf ihren Magen. Die Situation zu Hause war unerträglich. Ich war hin- und hergerissen zwischen Fortgehen und dem Wunsch, meiner Familie Beistand zu leisten.

Es dauerte nicht lang, und meine Eltern entschieden sich für ein Hospiz, das etwa hundert Kilometer von zu Hause entfernt lag. Obwohl ich gern so oft wie möglich zu Besuch gekommen wäre, hat sie es nur ein einziges Mal zugelassen, dass ich sie dort besuchte. Wir gingen sehr lange spazieren, bis ihre Kräfte komplett versagten. Sie versicherte sich, dass mein Abitur gut gelaufen war, das zuvor stattgefunden hatte. Ansonsten erinnere ich mich kaum an diesen Besuch, nur, dass ich nicht in der Lage war, selbst mit dem Auto nach Hause zurückzufahren. Meine Oma war in dieser Zeit immer bei uns, und wenn wir auch nicht über das Thema sprechen konnten, so war ich doch nicht allein. Sie fuhr mich nach Hause.

Ein paar Tage später versuchte ich, Kontakt zu meinem Vater aufzunehmen, konnte ihn aber nicht erreichen. Er war in dieser

Zeit nicht mehr bei uns zu Hause, sondern kümmerte sich um unsere Mutter. Auch am nächsten Tag erreichte ich ihn nicht. Weder meine Oma noch meine Schwester wussten, wo er war. Meine Eltern hatten immer gesagt, meine Mutter würde vor ihrem Tod auf jeden Fall noch einmal nach Hause kommen, um von uns und ihrem Zuhause Abschied zu nehmen, und so vertraute ich fest auf ein baldiges Wiedersehen.

An einem Tag, ich weiß das Datum noch genau, klingelte es dann morgens an der Tür, und ich hörte die Schritte meines Vaters auf unserer alten Holztreppe. Ich freute mich, dachte mir, ich sähe nun endlich meine Mutter wieder. Nun betrat mein Vater den Raum und teilte mir mit, dass meine Mutter am Vortag bereits gestorben sei. Sie hatte in der Schweiz Beihilfe zur Selbsttötung aufgesucht. An die Zeit danach kann ich mich nicht erinnern.

Ein Psychologe, den ich ein paar Monate später aufsuchte, versuchte mir einzureden, ich hätte versteckte Aggressionen gegen meine Eltern, insbesondere auf meine Mutter, weil sie sich vor ihrem Tod so weit von meiner Schwester und mir distanziert hatte. Ich denke hingegen, es war die einzige Möglichkeit für sie, von uns zu gehen – die Liebe war wohl zu stark. Sauer auf eine sterbende Mutter zu sein – etwas Absurderes kann ich mir nicht vorstellen. Allerdings war der von meiner Mutter gewählte Weg wohl nicht der einfachste für meine Schwester und mich.

Insbesondere in der letzten Krankheitsphase hätte ich mir mehr Nähe gewünscht. Unbedingt hätte ich erfahren und mich darauf einstellen wollen, meine Mutter das letzte Mal gesehen zu haben, anstatt mit der großen Hoffnung auf ein Wiedersehen so enttäuscht zu werden.

Bis heute kann ich dieses Kapitel nur schwer abschließen, und das Gefühl, dass etwas fehlt – nämlich ein äußerer sowie ein innerer Abschied –, bleibt. Einen angemessenen Abschied kann ich mir dabei allerdings bis heute nicht vorstellen. Es wird ihn wohl nicht geben.

Ich denke, es ist aller Trauer zum Trotz wohl möglich, mit dem Tod eines Familienmitglieds Frieden zu schließen und das Schicksal zu akzeptieren. Mit der Art und Weise, wie meine Mutter gegangen ist, konnte ich das – trotz vieler Gespräche mit Psychologen und Bekannten, die das gleiche Schicksal erlitten – jedoch lange nicht.

Vincents Geschichte unterstreicht deutlich, wie wichtig das Abschiednehmen ist. Wird durch Schweigen oder gar Tabuisieren des Todes kein Abschied ermöglicht, geht eine Chance unwiederbringlich verloren. Kann bewusst Abschied genommen werden, erleichtert es nachher den Trauerprozess. Gab es keine Gelegenheit für Abschied, bleibt immer etwas offen. Dies gilt für Erwachsene wie für Kinder gleichermaßen. Das Gefühl, wirklich alles gesagt und für den Kranken getan zu haben, ist für Kinder und Jugendliche unendlich entlastend, wenn ein Elternteil verstirbt.

Ein Mann, Mitte vierzig, erzählte mir einmal am Telefon, als er zehn Jahre alt gewesen war, sei sein Vater gestorben. Er habe sich nicht von ihm verabschieden können, habe ihn auch nicht mehr gesehen, und das sei heute, so viele Jahre später, noch immer »offen« für ihn. Aus dieser eigenen Erfahrung heraus sei es ihm jetzt ganz wichtig, dass sich seine sechsjährige Tochter von ihrer im Sterben liegenden Mutter gut verabschieden könne – gegen viele gut gemeinte Proteste aus der Familie.

Vielleicht stellen Sie sich jetzt die Frage, wie sich so kleine Kinder überhaupt verabschieden können. Während bei älteren Kindern und Jugendlichen das Reden im Vordergrund steht, ist es für die Kleineren oft wichtig, noch etwas für den Kranken zu tun, also aktiv etwas zu gestalten, zum Beispiel einen Engel zu basteln, der auf die Mama oder den Papa achtgeben wird, oder noch ein schönes Bild für sie zu malen. Für alle Kinder ist es wichtig, noch so viel Nähe wie möglich zu erleben. Viele Kinder sind sehr unsicher, wie viel körperliche Nähe mit einem kranken Elternteil jetzt noch möglich ist. Hier braucht es oft die Ermutigung und Unterstützung der Eltern.

Grundsätzlich kann man Kinder immer fragen, was ihnen jetzt noch wichtig ist, für den kranken Elternteil zu tun oder – sofern möglich – mit ihm zu unternehmen. Dann hat ein Kind die Chance, selbst zu bestimmen, was ihm wichtig ist, was es selbst für einen guten Abschied braucht, auch wenn jüngere Kinder das sicher nicht so formulieren können.

Anregung Zur eigenen Entlastung suchen Eltern immer wieder nach dem Tröstenden, und sei es noch so gering. Aber: Machen Sie auch dann, wenn es ums Abschiednehmen geht, keine falschen Versprechungen. Ermöglichen Sie Ihrem Kind, Abschied zu nehmen. Überlegen Sie gemeinsam, was für Ihr Kind jetzt richtig ist. ■

Immer wieder werde ich gefragt, ob es für Kinder schädlich sei, wenn ein Elternteil im eigenen Zuhause stirbt. Aus meiner Erfahrung kann ich sagen: Nein. Ich habe schon oft miterlebt, dass kranke Eltern über lange Zeit pflegebedürftig daheim waren und dann auch dort gestorben sind. Die Entscheidung, ob ein Kranker zu Hause bleibt oder in ein Hospiz geht, sollten Eltern danach treffen, was für sie und die Familie stimmig ist.

Hier gibt es kein pauschales Richtig oder Falsch. Wichtig ist, dass die Kinder in dieser Zeit gut und achtsam begleitet werden, doch das gilt unabhängig davon, wo der Kranke seine letzten Tage verbringt.

Sterben in den eigenen vier Wänden ermöglicht immer einen ganz persönlichen Rahmen für den Abschied und Jugendliche wissen diesen durchaus zu schätzen. Mehrfach habe ich schon von ihnen gehört, wie würdig zu Hause oder auch im Hospiz der Abschied vom kranken Elternteil gewesen sei. Genauso gab es umgekehrt schon Klagen über die unpersönliche Situation im Krankenhaus. Mich hat es erstaunt, wie wichtig es jungen Menschen ist, dass der Abschied vom sterbenden Elternteil würdig und »schön« sein soll. Für mich drückt dieser Wunsch durchaus die Bereitschaft aus, sich dieser Abschiedssituation zu stellen.

Manche Kranke sterben zu Hause nicht in ihrem Bett im Schlafzimmer, sondern in einem Pflegebett, das oft in einem anderen Raum steht, weil dieser günstiger gelegen ist (etwa im Erdgeschoss oder näher zum Bad). Nach dem Tod empfinden es einige Erwachsene wie auch Kinder als hilfreich, wenn dann der Raum wieder neu hergerichtet wird, das heißt, die Wände neu gestrichen oder auch nur die Möbel anders gestellt werden. Auch das ist in Ordnung und keinesfalls eine »Tilgung« des Verstorbenen.

In einer Familie hatte die Tochter ihr Zimmer für den kranken Vater geräumt und war während dessen Krankheit in den ausgebauten Hobbyraum im Keller gezogen. Nach dem Tod des Vaters war es dem Mädchen nicht möglich, wieder ihr früheres Zimmer zu beziehen, zu viele Erinnerungen an den kranken und sterbenden Vater waren jetzt mit dem Raum verbunden. So bekam der Raum eine andere Nutzung.

Kommen kranke Eltern ins Hospiz, muss Kindern, die sich unter diesem Begriff nichts vorstellen können, erklärt werden, was das ist. Ein zehnjähriger Junge erzählte mir strahlend, sein Vater sei jetzt ins Hospiz gekommen. Auf Nachfrage wurde mir klar, weshalb der Junge so strahlend davon berichtete. Er vermutete, das Hospiz sei etwas Ähnliches wie die Reha-Klinik, in der der Vater auch einige Wochen verbracht hatte und die ihm gutgetan hatte. Für ihn war somit der Aufenthalt im Hospiz als ein Zeichen zu sehen, dass es dem Vater bald wieder besser gehen würde. Fatal, wenn die Interpretation des Kindes und die Realität so weit auseinanderliegen.

Eine weitere Frage, die mir oft gestellt wird: Sollen Kinder beim Sterben dabei sein? Kann ihnen oder soll ihnen das zugemutet werden? Ich persönlich würde das einem Kind nicht zumuten. Und ich habe das auch nur ganz selten erlebt, dass Kinder wirklich direkt beim Sterben von Vater oder Mutter anwesend waren. Eine 16-Jährige war in der Klinik dabei, als ihr Vater starb, und erzählte mir danach, das wäre nicht gut für sie gewesen. In Einzelfällen mag es anders sein.

Wozu ich immer rate, ist, den toten Vater oder die tote Mutter noch einmal zu sehen. Dies ist eine allerletzte Möglichkeit, um Abschied zu nehmen, und erleichtert oft das Begreifen des Todes.

Das oft vorgebrachte Argument, den Toten so in Erinnerung zu behalten, wie er zu Lebzeiten war, halte ich bei Krebskranken für wenig zutreffend. Menschen, die an Krebs sterben, haben sich fast alle bereits zu Lebzeiten äußerlich sehr verändert. Kinder haben diese Veränderungen miterlebt. Viele empfinden das Angesicht des toten Vaters oder der toten Mutter dann eher als friedvoll denn belastend.

Kinder im Kindergartenalter haben noch keine Vorstellung davon, was Sterben und Todsein wirklich bedeuten. Der Tod wird als etwas Reversibles angesehen: Menschen sterben – und kommen irgendwann wieder, so ihre Vorstellung. Deshalb ist für sie der Anblick eines Toten oft hilfreich, um das Geschehene zu begreifen (oft im wörtlichen Sinn: be-greifen). Sie werden Zeuge davon, dass sich der Tote wirklich nicht mehr bewegt und nicht mehr atmet.

Doch auch hier haben Eltern Vorbildfunktion. Ist es für den lebenden Elternteil selbstverständlich, noch Zeit mit dem toten Partner zu verbringen, wird sich auch ein Kind eher darauf einlassen. Grundsätzlich müssen Kinder, egal welchen Alters, aber immer gefragt werden, ob sie einen Toten noch einmal sehen möchten oder nicht. Entscheiden sie sich dagegen, muss das auf alle Fälle respektiert werden. Ich habe jedoch schon mehrfach erlebt, dass gerade Jugendliche von selbst den Wunsch äußerten, die tote Mutter oder den toten Vater noch einmal sehen zu wollen. Einige mussten regelrecht dafür kämpfen, sich mit diesem Wunsch durchzusetzen. Mir bestätigt es nur, dass Kinder und Jugendliche oft ein gutes Gespür dafür haben, was ihnen für den Umgang mit ihrem Schmerz hilft.

Mittlerweile ermöglichen einige Bestatter, dass Kinder den Sarg bemalen. Auch dürfen Kinder oft mitentscheiden, welche Kleidung der Tote tragen soll. Außerdem ist es für viele Kinder – jüngere und ältere – wichtig, dem toten Elternteil noch etwas in den Sarg zu legen, also »mitzugeben«. Das kann ein selbst gemaltes Bild sein, ein Brief, ein Foto, eine Muschel, ein Stein – ein Kind wird selbst entscheiden, was das Richtige ist.

Kinder sollten auch selbst entscheiden, ob sie mit zur Beerdigung gehen möchten oder nicht. Fast alle Kinder entscheiden sich

dafür, sie spüren, dass dies noch einmal für alle ein wichtiges Ab-
schiedsritual ist. Kindern, die bisher bei noch keiner Beerdigung
dabei waren, sollte man erklären, wie der Ablauf einer Beerdigung
ist, ihnen eine Vorstellung davon ermöglichen, worauf sie sich
einlassen. Die »Schwere« des Rituals und die vielen weinenden
Erwachsenen können Kinder auch sehr erschrecken.

Für verwitwete Eltern ist es sehr entlastend, wenn während
der Beerdigung jemand aus der Familie oder dem Freundeskreis
dem Kind zur Seite steht. Das sollte jemand sein, der nicht
selbst unmittelbar vom Todesfall betroffen ist und zu dem das
Kind ein vertrauensvolles Verhältnis hat. Dann kann dem Kind
schon vorher die Zusicherung gegeben werden, dass es während
der Beerdigung die Zeremonie in Begleitung der ausgewählten
Person verlassen kann, wenn es ihm zu viel wird. Kleineren
Kindern wird es bei einer Beerdigung sogar oft langweilig. Auch
dann ist es gut, wenn jemand mit dem Kind die Trauerhalle
verlassen kann.

Studien des niederländischen Psychoanalytikers Hans Keil-
son haben gezeigt, dass nicht die Schwere eines Ereignisses ausschlaggebend dafür ist, ob ein Kind traumatisiert wird, sondern
ob und in welcher Weise einem Kind in dieser Situation Unterstützung gewährt wurde. Dies bestätigt auch die COSIP-Studie
(MÖLLER u. a. 2008).

Diese Studien belegen eindrucksvoll, wie wichtig es ist, Kinder – egal welchen Alters – während der Krebserkrankung eines
Elternteils und möglicherweise auch während dessen Sterben
bestmöglich zu begleiten. Erfahren Kinder viel Aufmerksamkeit
für ihre Sorgen und Ängste und bekommen sie Unterstützung
im Umgang damit, dann haben sie die Möglichkeit, später ein
glückliches Leben zu führen.

Die Erfahrungen, die ich in meinen Gruppen mache, widersprechen der allgemein verbreiteten Vorstellung, Kinder und besonders Jugendliche seien nicht dazu bereit, über ihre Gefühle mit anderen zu reden. Für einige mag das zutreffen, aber viele sind bereit, sich zu öffnen, wenn man ihnen einen Raum dafür anbietet.

Kinder krebskranker Eltern haben ihre eigene, schwere Geschichte, aber sie entwickeln auch viel Stärke. Vertrauensvoll und mit viel Lebenswillen führen sie trotz der Verlusterfahrung und der Trauer ihr eigenes Leben fort. Farrahs Geschichte ist ein gutes Beispiel dafür:

FARRAH (19) Mein Papa ist vor anderthalb Jahren an Krebs gestorben. Obwohl ich eigentlich von der ernsten Lage wusste und mir bewusst war, wie es nach dieser schlimmen Diagnose ausgehen würde, war es trotzdem ein Schock, als dann tatsächlich der Tag und der Moment des Todes gekommen waren. Es war für mich sehr schwer zu realisieren, dass mein Papa jetzt wirklich tot war.

Gemeinsam beschlossen meine Geschwister und ich erst mal, zwei Wochen nicht in die Schule zu gehen. Wir waren einfach viel zu geschockt in dieser Ausnahmesituation. Von meinem Tutorenkurs, der natürlich darüber Bescheid bekommen hatte, bekam ich eine Karte geschickt, in der mir alle ihre Anteilnahme ausdrückten. Trotz der netten Geste war es anschließend unglaublich seltsam, wieder in der Schule zu sein. Keiner wusste wirklich, wie er mit mir darüber sprechen sollte, und keiner konnte sich wirklich dazu überwinden, mich in den Arm zu nehmen oder direkt darauf anzusprechen.

Aber der Schulalltag musste weitergehen. Nach einer Woche war das Thema für die anderen sowieso schon wieder vergessen und auch die Lehrer konnten sich nur schwer in die Situation hineinversetzen. Es war ein schreckliches Gefühl zu wissen, dass in der Schule so gut wie jeder noch beide Elternteile hatte und ich selbst nun alle weiteren Etappen des zukünftigen Lebens, ob Abitur, Studium, Hochzeit etc., ohne Papa würde erleben und bewältigen müssen. Aber das Leben musste schließlich weitergehen.

Der Alltag riss mich mit und ich fand keine Zeit (vielleicht wollte ich auch keine finden?), allein noch einmal über alles nachzudenken oder mit der Familie richtig darüber zu sprechen. Ich musste einfach weiter funktionieren, Projektarbeiten schreiben, Klausuren bewältigen, zusätzlich Hausaufgaben machen, im Unterricht mitarbeiten. Zu dem Zeitpunkt versuchte ich mich mit besonders viel Arbeit und Stress abzulenken. Ich begann meinen Führerschein zu machen und fünf Kindern Nachhilfeunterricht zu geben, um ihn zu finanzieren. Ich hatte trotz der schwierigen Situation in diesem Schulhalbjahr die besten Noten, vielleicht gerade wegen des vielen Stresses. Als ich meinen Führerschein in der Tasche hatte, stand auch kurz danach mein 18. Geburtstag bevor, die ersten wichtigen Ereignisse, die ich nun ohne meinen Papa erlebte, was mich sehr traurig machte. Ich hätte ihn gerne stolz gemacht in allem, was ich erreiche, und spüre daher auch meine Motivation, alles Weitere zu schaffen, denn ich weiß, dass er sich sehr über mich freuen würde.

Sehr geholfen hat mir meine Reise nach Argentinien in den Sommerferien. Ich musste einfach raus aus meinem Alltag, wieder Lebensfreude spüren, die ich in Südamerika, in meinem Auslandsjahr anderthalb Jahre zuvor, hatte erleben dürfen. Ich wollte meine argentinischen Freunde sehen und konnte, indem ich ihnen von allem, was passiert war, erzählte, das Ganze noch mal reflektieren und endlich auch realisieren, was ich die ganze Zeit über verdrängt hatte.

Die Reise war wie ein Einschnitt und ich spürte in diesen sechs Wochen, endlich würde ich wieder zu leben beginnen, statt mich mit Arbeit zu überhäufen, um über das Unangenehme nicht nachdenken zu müssen. Nach meiner Rückkehr konzentrierte ich mich auf mein Abitur und schaffte es, ein richtig gutes Ergebnis zu erreichen. Sogar mitten in einer Prüfung dachte ich: »Wenn mich mein Papa jetzt sehen könnte.«

Nachdem ich das Abitur bestanden hatte, wollte ich gleich anfangen zu studieren. Ich schickte sechs Bewerbungen ab und wurde tatsächlich an allen Unis angenommen, obwohl der NC für mein Studienfach recht hoch war. Darauf bin ich unglaublich stolz. Natürlich fiel dann die Entscheidung, die richtige Universität zu wählen, besonders schwer, da mir alle Möglichkeiten offenstanden. Gerade hier hätte ich meinen Papa gebraucht, hätte ihn so gerne gefragt, was seine Meinung ist, hätte mir seinen Rat gewünscht. Doch ich denke, ich habe nun die richtige Entscheidung getroffen. Ich habe meinen Papa immer noch in mir, als würde er weiterleben, er hilft mir, obwohl ich ihn nicht sehen kann.

Der frühe Tod meines Papas durch diese unglaublich schreckliche Krankheit, die sich nicht mehr heilen ließ, hat mich sehr verändert. Ich sehe die Welt nun mit anderen Augen. Egal, was passiert, man darf sich nicht fallen lassen, man muss weiter kämpfen für die Dinge, die man erreichen will. Man kann das Geschehene nicht ungeschehen machen, sondern muss irgendwann seine Angst überwinden und realisieren, dass es keinen Weg zurück mehr gibt, dass, so hart es klingt, eine der wichtigsten Personen nicht mehr da ist und nicht mehr zurückkommen wird, man sie und ihr Wesen aber in Erinnerung behalten muss, um sie nicht ganz zu verlieren.

Die Zeit nach dem Tod meines Papas war schlimm, aber ich habe es gepackt. Es geht mir jetzt wieder besser. Trotz allem, was passiert ist, freue ich mich auf mein Studium und den neuen Lebensabschnitt.

Nach dem Lesen dieses Ratgebers haben manche Eltern vielleicht den Eindruck: Oje, das alles sollen wir beachten! Aber sie sollten gelassen bleiben, denn ein Ratgeber ist kein Rezeptbuch. Das vorrangige Ziel war, für die Situation von Kindern krebskranker Eltern zu sensibilisieren, Eltern und anderen Erwachsenen einen Einblick in deren Gefühlsleben, in ihre Sorgen und Nöte zu gewähren. Es kann für Eltern nicht darum gehen, alles im Verhältnis 1 : 1 umzusetzen.

Viele Ratschläge und Empfehlungen stammen aus meiner täglichen Arbeit mit den betroffenen Familien, doch jede Familie »tickt« ein bisschen anders, deshalb geht es erst einmal darum, sich aus diesem Buch zwar Anregungen zu holen, diese aber individuell für die eigene Familie umzusetzen. Vor allem hoffe ich, dass ich Ängste nehmen und dafür Mut machen konnte, offen mit Kindern über die Krebserkrankung zu sprechen.

Wichtig ist, dass die Erkrankten mit ihrem Partner und ihren Kindern in dieser schwierigen Lebenssituation den Weg finden, der für sie als Familie der richtige ist. Jeder hat seine eigene Persönlichkeit und jede Familie ihre eigenen Regeln, wie sie miteinander umgeht und lebt. Deshalb: Bleiben Sie authentisch, übernehmen Sie nur jene Anregungen, die für Sie stimmig sind. Sie selbst wissen am besten, was für Sie alle jetzt hilfreich ist.

Wer manchmal unsicher wird, was jetzt das Richtige für das eigene Kind ist, was es braucht, sollte versuchen, sich ins Kind hineinzuversetzen. Wie würde es mir an seiner Stelle gehen? Was würde mir helfen? Eltern dürfen sich getrost auf ihr »Bauchgefühl« verlassen, schließlich sind sie es, die ihr Kind am besten kennen. Und nie vergessen: Kindern geht es dann am besten, wenn es auch ihren Eltern gut geht, wenn diese sich um das eigene Wohlergehen kümmern. Je besser es den Eltern geht, desto mehr können sie auch ihren Kindern geben.

Dieses Buch konnte nur entstehen, weil mir viele Kinder krebskranker Eltern in den vergangenen Jahren in meiner Praxis von ihren Sorgen erzählt haben.

Mein ganz besonderer Dank gilt Alexander, Annabelle, Farrah, Inka, Leonie, Lukas, Melissa, Nico, Paul, Vincent und Viola, die sich alle getraut haben, in einem eigenen Beitrag zu diesem Buch ihre ganz persönliche Situation und Gefühle zu beschreiben.

Außerdem danke ich Lida Schneider, langjährige Geschäftsführerin des Vereins »Hilfe für Kinder krebskranker Eltern«, die mir in meiner freiberuflichen Tätigkeit als Psychotherapeutin für den Verein stets großes Vertrauen entgegengebracht hat und in der Arbeit viel Freiraum ließ.

Euch allen ein ganz dickes Dankeschön!

Beratungsangebote für Kinder

Leider sind wir noch weit davon entfernt, ein flächendeckendes Angebot für Kinder krebskranker Eltern zu haben. Doch, um es ganz deutlich zu sagen: Nicht jede Familie benötigt professionelle Unterstützung. Sollte eine Familie den Wunsch nach Beratung haben, so gibt es einige Initiativen, die weiterhelfen, entweder in Beratungsgesprächen für die Eltern, in Familiengesprächen, Einzelgesprächen mit den Kindern oder auch in Kindergruppen.

Ziel der Einrichtungen ist es, Eltern für die Bedürfnisse ihrer Kinder zu sensibilisieren, Hilfestellungen zu einer gelungenen Kommunikation zwischen Eltern und Kind zu geben, die Kinder zu unterstützen und damit psychischen Spätfolgen vorzubeugen bzw. sie zu mindern.

In Einzelgesprächen und/oder Kindergruppen haben Kinder die Möglichkeit, Ressourcen zu entdecken und Bewältigungsstrategien im Umgang mit der Krankheit zu entwickeln. Untersuchungen haben gezeigt, dass präventiv psychotherapeutisch begleitete Kinder deutlich weniger Verhaltensauffälligkeiten während und nach der Erkrankung eines Elternteils zeigen als andere.

Sich Hilfe zu holen ist nicht das Eingeständnis von Überforderung oder ein Zeichen dafür, eine Problemfamilie zu sein, sondern zeigt Kompetenz im Umgang mit einer schwierigen Lebens- und Familiensituation. Wann immer Eltern das Gefühl haben, Hilfe in der Kommunikation mit dem Kind zu brauchen, sollten sie Kontakt mit einer Beratungsstelle oder Initiative aufnehmen. Wann immer sie das Gefühl haben, ihr Kind braucht Hilfe, sollten sie professionelle Hilfe aufsuchen. Wenn ein Kind »auffällig« ist, sollten sich Eltern professionelle Unterstützung holen, unabhängig davon, ob das Kind das will oder nicht. Oft bekomme ich von Eltern Bedenken zu hören, ob ihr Kind wohl bereit sei, zu mir in die Praxis zu kommen. Ich anstelle der Eltern würde nicht lange diskutieren.

In meinem Alltag erlebe ich es immer wieder, dass Kinder teils unrealistische, teils angstbesetzte Vorstellungen davon haben, was sie in einer Beratungsstelle oder psychotherapeutischen Praxis erwartet: ein Zehnjähriger, der Angst hatte, ich würde ihm Spritzen verabreichen, ein Siebzehnjähriger, der enttäuscht war, dass meine Praxis keine Couch à la Freud aufwies.

In einem ersten Termin, der dem Kennenlernen dient, haben Kinder dann die Möglichkeit, sich in der Beratungsstelle oder Praxis selbst ein Bild davon zu machen, was und wer sie dort erwartet. Nach dem Termin können sie gemeinsam mit ihren Eltern entscheiden, ob sie dort Hilfe in Anspruch nehmen wollen oder nicht. Wenn sich ein Kind nach dem ersten Treffen vehement gegen eine Unterstützung sträubt, so müssen die Eltern das akzeptieren, dann hat eine Begleitung wenig Sinn. Aber ich erlebe das in meiner Praxis eher selten.

Die meisten Kinder und Jugendlichen empfinden es als befreiend, endlich jemandem von ihren Sorgen erzählen zu können, ohne auf dessen Befindlichkeit Rücksicht nehmen zu müssen. »Die Mama weint immer gleich los, wenn ich so was sage, du nicht«, so der Kommentar einer Zwölfjährigen, der deutlich macht, wie wichtig es für Kinder sein kann, einen Außenstehenden als Vertrauten zu haben.

Entwickeln Kinder große Probleme und Auffälligkeiten,
sollten sich Eltern an niedergelassene Kinder- und Jugendpsychotherapeuten wenden. Diese findet man entweder über das
Telefonbuch, über die Krankenkasse oder über die regionale
Kassenärztliche Vereinigung.

Sie sollten sich professionelle Unterstützung holen, wenn:
- Sie unsicher sind, wie Sie mit Ihrem Kind über die Krebs-
  erkrankung reden sollen,
- Sie noch Fragen haben, was Ihr Kind jetzt braucht,
- Sie das veränderte Verhalten Ihres Kindes beunruhigt,
- Sie sich überfordert fühlen,
- Ihr Kind selbst um Hilfe bittet.

Hilfe finden Sie bei den aufgeführten Beratungsstellen und Ini-
tiativen, die alle ein spezielles Angebot für Kinder krebskranker
Eltern haben. Sollte sich in Ihrer Nähe keine dieser genannten
Adressen befinden, geben auch Psychoonkologen, Kinder- und
Jugendpsychotherapeuten, Krebs- und Erziehungsberatungs-
stellen Unterstützung.

▬ ▬ Hilfreiche Adressen

Psychosoziale Hilfen für Kinder krebskranker Eltern
Charité Berlin
Campus Virchow-Klinikum
Augustenburger Platz 1
13353 Berlin
www.kjp.charite.de/patienten/kinder

Bremer Krebsgesellschaft
Projekt »Pegasus«

Am Schwarzen Meer 101–105

28205 Bremen

www.krebsgesellschaft-hb.de/besonderes-angebot/pegasus.html

Krebsberatungsstelle im Onkologischen Forum Celle

Projekt »Ja, ich bin auch noch da«

Fritzenwiese 117

29221 Celle

www.onko-forum-celle.de/was-wir-tun/
kinder-und-jugendliche.html

BelaJu – Dresden, Universitätsklinikum TU Dresden

Medizinische Psychologie und Medizinische Soziologie

Fetscherstraße 74

01307 Dresden

www.medpsy.de/belaju.html

Familiensprechstunde für Kinder von krebserkrankten Eltern

Kreisklinik Ebersberg

Brustzentrum

Abt. Psychosomatik/Psychoonkologie

Pfarrer-Guggetzer-Straße 3

85560 Ebersberg

www.kreisklinik-ebersberg.de/medfachabteil/
hauptabteilungen/gynaekologie

Hilfe für Kinder krebskranker Eltern e. V.

Güntherstraße 4a

60528 Frankfurt

www.hilfe-fuer-kinder-krebskranker-eltern.de

Tigerherz»... wenn Eltern Krebs haben«
Psychologischer Dienst
Tumorzentrum Ludwig Heilmeyer – CCCF
Universitätsklinikum Freiburg
Hugstetter Straße 55
79106 Freiburg
www.uniklinik-freiburg.de/tumorzentrum/live/patienten-info/
kinder-krebskranker-eltern

Horizonte Göttingen e.V.
Universitätsfrauenklinik Göttingen
Robert-Koch-Straße 40
37075 Göttingen
www.horizonte-goettingen.de

Psychosoziale Hilfen für Kinder krebskranker Eltern
Universitätsklinikum Hamburg-Eppendorf
Klinik für Psychiatrie und Psychotherapie
des Kindes- und Jugendalters
Martinistraße 52
20246 Hamburg
www.uke.de/kliniken/kinderpsychiatrie

phönikks, Familien leben mit Krebs
Mittelweg 121
20148 Hamburg
www.phoenikks.de

Psychosoziale Hilfen für Kinder krebskranker Eltern
Universitätsklinikum Heidelberg,
Zentrum für Psychosoziale Medizin
Im Neuenheimer Feld 400
69120 Heidelberg
www.klinikum.uni-heidelberg.de/kinder-krebskranker-eltern

Krebsnachsorge, Krebsberatungsstelle der Diakonie
Stephanienstraße 98
76133 Karlsruhe
www.dw-karlsruhe.de

kik für Kids
krebs-initiative köln e. V.
Krebsberatungsstelle
Neuenhöfer Allee 17
50937 Köln
www.krebs-initiative-koeln.de

Kinder krebskranker Eltern
Lebenswert e. V. – Psychoonkologie, Leben mit Krebs
Universitätsklinikum Köln
Kerpener Straße 62
50937 Köln
www.vereinlebenswert.de

Familiensprechstunde für Kinder krebskranker Eltern
Zentrum für Frauen- und Kindermedizin, Universitätsklinik und
Poliklinik für Psychiatrie, Psychotherapie und Psychosomatik
des Kindes- und Jugendalters

Liebigstraße 20 a
04103 Leipzig
www.kjp.uniklinikum-leipzig.de/kinder-krebskranker-eltern

Krebsberatungsstelle
Caritasverband Lübeck e. V.
Fegefeuer 2
23552 Lübeck
www.krebsberatung-luebeck.de/gruppenangebote

Psychosoziale Hilfen für Kinder krebskranker Eltern
Universitätsklinikum Magdeburg, Medizinische Fakultät
Klinik für Kinder- und Jugendpsychiatrie
Leipziger Straße 44, Haus 14
39120 Magdeburg
www.med.uni-magdeburg.de

Flüsterpost e. V.
Unterstützung für Kinder krebskranker Eltern
Kaiserstraße 56
55116 Mainz
www.kinder-krebskranker-eltern.de

Die Kindersprechstunde, lebensmut e. V.
Klinikum der Universität München, Campus Großhadern
Psycho-Onkologie an der Medizinischen Klinik III;
lebensmut e. V.
Marchioninistraße 15
81377 München
www.lebensmut.org

Krebsberatungsstelle des Tumor-Netzwerks im Münsterland
(TiM) e. V.
Gasselstiege 13
48159 Münster
www.krebsberatung-muenster.de

Psychosoziale Hilfen für Kinder krebskranker Eltern
Kinder- und Jugendpsychiatrie Oldenburg
Brandenburger Straße 44
26135 Oldenburg
www.klinikum-oldenburg.de

Krebsstiftung Osnabrück/Beratungsstelle
Heger Straße 7–9
49074 Osnabrück
www.krebsstiftung.de

Kindersprechstunde, Universitätsklinikum Regensburg
Abteilung für Hämatologie und internistische Onkologie
Franz-Josef-Strauss-Allee 11
93042 Regensburg
www.uniklinikum-regensburg.de

Papillon – für Kinder krebskranker Eltern
Krahnenstraße 37
54290 Trier
www.papillon-trier.de

Projekt KikE, Universitätsklinikum Tübingen,
Südwestdeutsches Tumorzentrum – CCC

Herrenberger Straße 23
72070 Tübingen
www.kike.tumorzentrum-tuebingen.de

Deutsche Arbeitsgemeinschaft für
Psychosoziale Onkologie e. V. (dapo)
Kardinal-von-Galen-Ring 10
49148 Münster
www.dapo-ev.de

Deutsche Krebshilfe e. V.
Buschstraße 32
53113 Bonn
www.krebshilfe.de

Krebsliga Schweiz
Effingerstraße 40
Postfach 8219
CH – 3001 Bern
www.krebsliga.ch

Österreichische Krebshilfe Wien
Theresiengasse 46
A – 1180 Wien
www.krebshilfe-wien.at

Die Krebsliga Schweiz in Bern und die Krebshilfe in Wien geben Auskunft über spezielle Angebote für Kinder krebskranker
Eltern in der Schweiz und in Österreich.

BRANDES, S. (2001): Ein Baum für Mama. Ohne Ort.

BROECKMANN, S. (2002): Plötzlich ist alles anders – wenn Eltern an Krebs erkranken. Stuttgart.

Deutsche Kinderkrebsstiftung (o. J.): Radio-Robby und sein Kampf gegen die bösen Krebszellen. Bezug über: Deutsche Kinderkrebsstiftung und Deutsche Leukämie-Forschungshilfe – Aktion für krebskranke Kinder e. V., Adenauerstraße 134, 53113 Bonn.

ENNULAT, G. (2003): Kinder trauern anders – Wie wir sie einfühlsam und richtig begleiten. Freiburg i. Br.

EVE THARLET (2006): ... das verspreche ich dir. Kiel.

FESSEL, K.-S. (1999): Ein Stern namens Mama. Hamburg.

FRANZ, M. (2002): Tabuthema Trauerarbeit – Erzieherinnen begleiten Kinder bei Abschied, Verlust und Tod. München.

HENNUY, M.; BUYSE, S.; RENARDY, L. (2007): Wann kommst du wieder, Mama? Düsseldorf.

HERMELINK, K. (2005): Mein wunderschöner Schutzengel – Als Nellys Mama Krebs bekam. Würzburg.

HINDERER, P.; KROTH, M. (2005): Kinder bei Tod und Trauer begleiten – Konkrete Hilfestellungen in Trauersituationen für Kindergarten, Grundschule und Zuhause. Münster.

MACAULAY, D. (2010): Das große Buch vom Körper. Ravensburg.

Mehr Zeit für Kinder e. V. (2009): Warum trägt Mama im Sommer eine Mütze? Bezug über: Mehr Zeit für Kinder e. V., Fellnerstraße 12, 60322 Frankfurt a. M.

MÖLLER, B.; STEGEMANN, T.; ROMER, G. (2008): Psychosoziale Belastungen bei Kindern körperlich kranker Eltern. Perspektiven der seelischen Gesundheitsvorsorge. In: Bundesgesundheitsblatt – Gesundheitsforschung – Gesundheitsschutz, 51, S. 657–663.

MOTZFELDT, H. (2010): Der Chemo-Kasper und seine Jagd auf die bösen Krebszellen. Bezug über: Deutsche Kinderkrebsstiftung und Deutsche Leukämie-Forschungshilfe – Aktion für krebskranke Kinder e. V., Adenauerstraße 134, 53113 Bonn.

SAALFRANK, H.; GOEDE, E. (1998): Abschied von der kleinen Raupe. Würzburg.

SENF, B.; RAK, M. (2009): Mit Kindern über Krebs sprechen. Ein Ratgeber für Eltern, die an Krebs erkrankt sind. Bezug über: Hilfe für Kinder krebskranker Eltern e. V., Güntherstraße 4 a, 60528 Frankfurt a. M.

SPECHT-TOMANN, M.; TROPPER, D. (2001): Zeit zu trauern – Kinder und Erwachsene verstehen und begleiten. Düsseldorf.

TRABERT, G. (2008): Als der Mond vor die Sonne trat. Mainz.

TRABERT, G. (2009): Als der Mond die Nacht erhellte. Mainz.

UNVERZAGT, G. (2004): Erzähl mir was vom Sterben – Mit Kindern über den Tod sprechen. Stuttgart.

VARLEY, S. (2009): Leb wohl, lieber Dachs. Wien.

VOSS, B. (2005): Kinder in Trauer – Kinder beim Abschiednehmen begleiten. Saarbrücken.

Matuszczyk, Wolf, Britten

Der Elterncoach

Aus der Online-Beratung mit Jugendlichen

ISBN 978-3-86739-054-5

BALANCE ratgeber jugend + erziehung

272 Seiten, 16,95 Euro / 27,50 sFr

„Gebt euren Kindern das Gefühl, dass sie euch vertrauen können. Redet mit ihnen über ihre Probleme." *Süßes Mädchen.*

Durch die Anonymität des Internets öffnen sich Jugendliche leichter und äußern, was sie wirklich denken, wollen und fühlen. Dieser Ratgeber kommt »direkt aus dem Leben« und nutzt Erkenntnisse aus einer Online-Beratung der bke (Bundeskonferenz für Erziehungsberatung), um Eltern optimal auf die brennendsten Fragen und Probleme des Erwachsenwerdens vorzubereiten.

Er deckt das ganze Themenspektrum ab, das sich in dieser Umbruch-phase ergibt, z. B. Schule, Kleidung, Aussehen, Sexualität, das eigene Selbstwertgefühl oder die Beziehung zu den Eltern. Aber auch ernstere Probleme wie selbstverletzendes Verhalten, Essstörungen, Drogen und häufig auch die Frage nach dem Sinn des Lebens werden thematisiert und den Eltern der geeignete Umgang mit ihnen vermittelt.

»Ein überzeugendes Konzept, dem viele Eltern und Erziehungsbe-rechtigte diese Erfahrung abgewinnen werden: Sie sind nicht allein mit den Fragestellungen, Hilf- und Ratlosigkeiten und erfahren Kraft und Zuspruch für einen gelingenden Kontakt zu den ihnen anvertrauten Kindern und Jugendlichen!« Detlef Rüsch, amazon.de

BALANCE **buch + medien verlag**

Thomas-Mann-Str. 49 a · 53111 Bonn · Telefon 0228 / 72534-26
www.balance-verlag.de · mail: info@balance-verlag.de